학원 혁명

완전학습 자동화로 진짜 배움의 시대가 온다

학원 혁명

초판 1쇄 발행 2022년 5월 6일
초판 3쇄 발행 2022년 5월 16일

지은이 이효정

발행인 백유미 조영석
발행처 (주)라온아시아
주소 서울특별시 서초구 효령로 34길 4, 프린스효령빌딩 5F

등록 2016년 7월 5일 제 2016-000141호
전화 070-7600-8230   **팩스** 070-4754-2473

값 16,000원
ISBN 979-11-92072-48-7 (03320)

라온북은 독자 여러분의 소중한 원고를 기다리고 있습니다. (raonbook@raonasia.co.kr)

BIG

학원 혁명

CHANGE

이효정 지음

RAON
BOOK

초개인화 시대,
완전학습에 이르는 법

'학교나 학원에서 수업을 듣고 있는 우리 아이들은 어떤 마음일까?' 그런 생각을 자주 한다. 선생님의 일방적인 정보 전달이 진행되고 있는 수업의 모습은 교실에 앉아 있는 아이들에게는 마치 영상을 보는 것과 같지 않을까 생각한 적이 있다. 궁금하거나 이해가 가지 않는 부분이 있어도 휙 지나갈 뿐 선생님에게 개별적인 질문을 하거나 피드백을 받는 것은 드문 일이다.

지금 우리는 인공지능(AI) 기술의 발달로, 기존의 획일화된 대중문화를 서비스하던 때와 달리 개별 맞춤으로 서비스하는 4차 산업혁명 시대에 살고 있다. 대표적으로 유튜브를 생각해보자. 아이들뿐 아니라 성인들도 유튜브 영상을 보다가 자신에게 도움이 안 된다고 생각하거나 관심이 없으면 바로 나가기를 주저하지 않는다. 자신의 취향에 맞춰 알고리즘이 끊임없이 다른 영상들을 띄워주기 때문에 인내할 필요가 없다.

이런 초개인화 시대에 개별 피드백이 없는 수업은 아이들 눈으로 보면 어떻게 비칠까? 마치 정해진 시간 동안은 시청을 중단할 수 없는 영상을 볼 때와 같은 기분이 들지 않을까? 이건 성인의 입장에서 생각해봐도 정말 곤혹스러운 일이다. 그런데 우리는 성인들도 하지 못하는 일을 우리 아이들에게 강요하고 있다.

아이들은 수업을 듣다가 모르는 게 나와서 더 이상 다음 내용이 이해되지 않을 때, 또는 이미 아는 내용이라 쓸데없이 시간을 보내고 있다고 생각될 때 수업에 집중하지 못하고 태도가 불량한 학생이 되어버린다. 그렇지만 자신과 맞지 않는 수업을 들을 때는 누구나 산만해지는 법이다.

아이가 레벨에 맞는 수업을 들었을 때도 문제는 여전히 존재한다. '설명을 한 번 듣는 것만으로 수업 내용을 완벽히 이해할 수 있을까?' 하는 문제다. 미국의 교육 심리학자 벤저민 블룸(Benjamin S.

Bloom)이 처음 제안한 '완전학습' 모델은 90~100%에 가까운 학생들이 완전히 이해할 수 있는 방법을 보여주었다. 그러기 위해서는 3단계 수업 구성이 돼야 하는데, 1단계에서 본 수업이 시작되기 전에 사전 지식 전달과 진단 평가가 실시돼야 한다. 2단계에서는 본 수업에 들어가 선생님이 학생 개개인마다 부족한 부분을 집중 피드백해주는 형태의 수업으로 진행돼야 한다. 3단계에서는 추가 평가를 통해 될 때까지 보충학습이 진행돼야 한다.

우리는 어릴 적부터 최대한의 학습 효과를 내기 위해 예습과 복습을 해야 한다는 말을 들어왔다. 인간은 망각의 동물이기에 개인의 능력과 상관없이 복습을 하지 않으면 방금 수업에서 들은 걸 다 잊어버려 수업 시간이 무의미한 시간이 되어버린다. 이것은 교육이론을 가져와 설명하지 않더라도 어쩌면 당연한 이야기다. 진정 학습 효과를 내고 싶다면 수업을 들은 후부터가 진짜다. 학생 개인별로 부족한 부분을 교정하고 체화가 될 때까지 복습해야 한다. 스스로 이걸 할 수 있는 아이라면 복습 계획을 세워 실행해나갈 수 있을지 모르지만, 그렇지 않다면 부족한 부분을 선생님이 한 명씩 일일이 교정해줘야 하고 복습까지 시켜야 한다.

이것은 정보 전달뿐만 아니라 선생님이 학생별로 개인의 특성에 맞는 학습 관리를 해주고, 공부를 힘들어할 때는 마음을 다독여줄 수 있는 휴먼 터치(human touch)까지 따라줘야 완전학습이 가능하다는 뜻이기도 하다. 아직 미성숙한 우리 아이들은 완전한 자기주도 학습 능력을 갖추고 있는 경우가 드물다. 일선 현장에서 느낀

바로는 그걸 우리 아이들도 스스로 알고 있기 때문에 불안해하고, 누군가가 자신을 이끌어주길 바라고 있다.

일차적인 지식 전달이 교육의 전부라면 사실은 어떤 교육 환경에서도 그것은 가능하다. 하지만 아무리 좋은 강의, 좋은 콘텐츠, 학습 도구와 프로그램이 완벽하게 준비되어 있다 해도 전달해야 할 지식이 최종적으로 아이들에게 완전히 체화되어 학습 결과까지 도달하려면, 결국 사람이 이끌어줘야 한다. 깊이 있는 소통이 있어야 아이들이 진짜 어려워하는 부분을 알 수 있다. 그것이 학습적인 것이든 감정적인 것이든 그 부분을 선생님이 잡아주면서 이끌어주는 관리가 필요한 것이다. 그게 가능하지 않으면 완전학습은 이뤄지지 않는다.

그런데 공교육은 시스템상 이런 개별 관리가 불가능하기 때문에 그 공백을 사교육으로 채우려고 하는 것이 지금의 우리 사회다. 다만 진짜 문제는 사교육도 크게 다르지 않다는 것이다. 이것은 교육 현장에 있는 교육자들의 열정 문제가 아니라, 구조의 문제이기 때문에 해결하기가 더욱 힘들고 어렵다. 대부분의 아이들은 완전학습에 다가가지 못하고 학원을 다녀도 여전히 헤매고 자신없어 하는 것이 현실이다.

나는 사교육의 최전선에서 일하던 영어학원 강사였다. 이런 구조적인 문제를 해결해보려고 부단히 노력하다 보니 지금은 AI 영어 학습 프로그램을 개발하는 회사의 대표가 되었다. 많고 많은 영어 학습 프로그램이 존재하는데도 나는 왜 영어 학습 관리 프로그램을 직접 만들게 되었을까? 그 이야기를 지금부터 풀어내보려고 한다.

완전학습 이론에서는 학습에 개인차를 가져오는 가장 중요한 요소로 수업의 획일성을 지적했다. 이를 극복하기 위해서는 진도, 교재, 그리고 체화하는 데 걸리는 학습 시간까지도 학생 개개인에게 맞추는 '완전 개별화 수업'을 해야 한다고 강조한다. 그런데 영어 과목은 각기 다른 학습법을 가진 여섯 가지 영역으로 나뉘기 때문에 이게 정말 어렵다. 한 반을 소수 인원으로 꾸린다고 해도 학생 모두가 여섯 가지 영역에서 개별 진도를 나가고 예습, 수업, 완전 체화하는 복습을 한다는 것이 과연 가능한 일일까? 이건 지금까지는 절대 불가능한 일이었다.

그런데도 나는 선생님이 학생의 개별 관리와 휴먼 터치를 할 수 있는 '사람이 중심이 되는 완전학습'을 실현시키고 싶었다. 개인의 역량이 반영되는 개별화 수업을 바탕으로 예습, 본 수업, 복습이 연결되는 자동화 시스템, 그 자동화로 선생님에게 확보된 추가 시간을 활용해 학생들의 수업과 개별 관리에 온전히 집중할 수 있도록 하는 교육 환경, 그것이 내가 만들어내고 싶은 시스템이었다. 그리고 그 결과 얻어낼 수 있었던 것은 아이들의 자신감과 "에이, 그게 어떻게 가능해?"라는 말이 저절로 나오는 완전에 가까운 성적이었다.

진정한 교육자라면 모든 아이들이 한 명의 낙오자도 없이 '진짜 배움'을 얻어갈 수 있는 완전학습을 꿈꾼다. 그래서 수많은 선생님들이 미흡하더라도 최대한 완전학습에 가까워질 수 있도록 밤잠을 아껴가며 이 순간에도 노력하고 있다는 걸 나는 알고 있다. 이제부터 풀어나갈 이 '완전학습 자동화 시스템'에 대한 이야기가 많은 교육자들의 짐을 덜어드리고 우리 아이들의 꿈이 공부로 인해 좌절되지 않도록 하는 데 도움이 될 수 있다면 더 이상 바랄 것이 없겠다.

이효정

차 례

1 장

공부방 교사가 AI 학습을 만들었다고?

2 장

한 아이라도 절대 포기할 수 없다

3 장

자동화 시스템에서 소외된 아이는 없다

4 장

학생, 교사, 부모 모두가 행복한 교육

5 장

미래 교육의 판이 바뀐다

BIG
CHANGE

1장

공부방 교사가
AI 학습을 만들었다고?

영혼 없는 눈빛, 풀이 죽은 아이들

• • •

나는 이름만 들으면 알 만한 유명한 프랜차이즈 영어학원에서 강사로 일하던 사람이었다. 그런데 이곳에서 강의할 때마다 안타까움을 느낀 적이 많았다. 일부 소수를 제외하면 많은 아이들이 영혼 없는 눈빛을 하고 있었다. 질문을 던져도 확신 없는 반응이 되돌아왔고, 누가 봐도 확연하게 기가 죽어 있는 모습을 하고 있었다. 그렇게 풀이 죽어 있는 아이들을 보다 보면 '도대체 나는 무얼 하고 있는 건가?' 하며 회의감이 들었다. 아이들도 수업을 들으면서 좌절감을 느끼는 것 같았다. '나는 바보인가? 왜 하나도 이해를 못 하고 있지? 나는 왜 못 따라가고 있지?' 그런 표정이 읽히는 경우가 자주 있었다.

내가 강사로 일하던 학원은 후속 조치가 없는 학원이었다. 수업 시간에 공부한 것을 체화시키는 과정이 없고 학생들은 수업만 듣고 집에 돌아가 알아서 학습해야 하는 상황이었다. 정기적으로 3개월에 한 번 레벨 테스트를 보고, 결과에 맞춰 다시 반 편성을 했지만, 알아서 혼자 공부하는 게 힘든 아이들은 실력 향상이 어려워서 같은 레벨을 계속 들어야 했다. 수업한 것을 체화시켜서 실력으로 만드는 것은 언제나 아이들의 몫이었다.

물론 어떤 영어학원은 아이들이 부족하다 싶으면 따로 불러서 보충을 해주는 경우도 있다. 그러나 사교육 시장에서 영어학원은 지식 전달만 하기에도 바쁜 경우가 많다. 아이들은 학원에서 학습 효과를 기대하지만, 전달받은 지식을 받아먹고 소화하는 과정을 거치지 못하는 경우가 대부분이었다. 심지어 때로는 학원 수업을 따라가기 위해서 개인 과외를 받는 경우도 종종 볼 수 있었다.

아이들은 왜 학원에 다닐까

내가 하는 일은 아이들이 배우게 만드는 것이었다. 그런데 학원 수업을 따라잡으려고 과외까지 받아야 하다니……. 그런 모습을 보면 '나는 도대체 교육자가 맞나?' 하는 생각이 들면서 아이들의 자존감이 떨어지는 만큼 나의 자존감도 떨어지는 느낌이었다. 나는 마치 떠들어대는 로봇이 된 것 같았다. 아이들 눈빛에서 좌절감이 보일 때마다 아이들이 너무 불쌍하다는 생각이 들었다.

개인 과외를 붙여가면서까지 아이들이 진도를 따라가게 하려고 노력하는 엄마들도 있지만, 보통의 엄마들은 학원을 보내는 것 자체가 최선의 노력을 다한 것일 터였다. 영어 한 과목만 학원에 보내는 것도 아닐 텐데 정해진 생활비 중에서 사교육비가 차지하는 비율은 상당히 높을 것이다. 나도 넉넉한 형편에서 자란 사람은 아니라 부모님이 얼마나 많은 고민을 하고 어떤 마음, 어떤 노력으로 학원을 보냈을지 짐작이 됐다. 비싼 학원비를 내면서 이름 있는 학원을 보낸 부모님 중에는 넉넉지 않은데도 무리해서 보낸 경우도 있을 것이다. 그렇게 보내는 학원인데 정작 아이들에게 도움이 되지 않는 경우를 보면 죄스러운 마음까지 들었다.

강사가 일방적으로 지식 전달을 했을 때 그걸 받아서 스스로 소화할 수 있는 인원은 상위권 학생들 몇 명밖에 없다. 사실 일방적인 지식 전달은 공교육에서도 이미 이뤄지고 있다. 공교육의 문제는 아이들이 배울 수 있도록 이끌어내는 것이 아니라 일방적인 지식 전달이 이뤄진다는 점, 딱 한 가지로 정리된다. 교육자로서 소신과 철학을 가지고 있는 선생님들도 있겠지만, 어찌 보면 학교는 가르침보다는 평가 요소가 더 강하다.

〈중·고등학생의 영어 보습학원 선택요인, 만족도 및 연속수강 의사에 관한 연구〉(장준환, 연세대학교 교육대학원, 2015)에서 나온 연구 결과 내용을 보면, 아이들은 학력이 높은 강사, 실적이나 명성이 높은 학원보다는 자신의 공부를 얼마나 체계적으로 도와주고 관리해줄 수 있는지에 대한 학습관리 요인을 더 중요하게 생각한다. 공교육에서는 바랄 수 없는 전문적인 관리, 개별적인 학습 진행을 원하는 것이다. 공교육에서는 개별 관리를 할 수 없다는 점을 학부모와 학생들은 이미 인지하고 있는 상황이다.

그런 개별적인 케어로 부족함을 메워줄 것이라고 기대하기 때문에 아이들은 사교육을 받는 것이다. 공교육에서 채워주지 못하는 것을 사교육에서도 채워주지 못한다면 그것이야말로 시간 낭비가 아닌가.

그런데 현장에 있으면서 아이들이 시간 낭비를 하고 있다는 생각이 계속 들었다. 게다가 '왜 나는 이것도 못 따라잡고 있지?' 하는 아이들의 좌절감까지 느껴지다 보니까 강사인 나도 생각이 많아질 수밖에 없었다.

벼랑 끝에 서 있는 아이들

아이들의 좌절감에는 부모들의 기대심리도 한몫한다고 생각한다. 부모가 모든 걸 쏟아부어 투자하고 있는데 학습을 못 따라가면 그때 아이들은 극심한 좌절감을 느낀다. 부모님이 힘들게 학원비를 대고 있는 사실을 아이들도 느끼고 있기 때문이다. 그리고 아이들의 성적이 부모의 기대에 못 미쳤을 때 그들이 느끼는 실망감은 아이들에게 고스란히 전달된다.

그러나 아이들이 학습을 못 따라가는 이유는 공부하는 방법을 모르기 때문인 경우가 상당히 많다. 나는 이 부분을 아이들의 잘못이라고 생각하지 않는다. 어떻게 하는 것이 복습인지도 모르는 아이들에게 "알아서 복습을 했어야지"라고 말하는 건 어른들의 무책임이 아닐까. 그리고 복습을 하기 위해 집중하려면 공부하는 태도를 유지해야 하는데, 이걸 도와주는 것도 교육의 하나라고 생각한다. 습관과 태도가 잡히지 않는 것까지 포함해서 모든 것을 아이들의 책임으로 돌려버리기 때문에 아이들은 벼랑 끝에 몰려 있는 기분인 것이다.

아이들은 공부하기 싫은 게 아니라 공부하는 방법을 몰라서 못하는 것뿐이다. 오히려 공부하는 자세와 의지도 어른들이 잡아주고 이끌어줘야 할 부분이라고 생각한다. 그런데 도움받지 못하는 아이들에게 너무 바라는 것이 많고 모든 것이 아이들의 몫으로 남겨진다. 부모 입장에서는 '돈이 들어갔으니까 해야지'라고 생각하지만, 사교육조차 공부하는 방법을 가르치지 않고 태도와 의지를 잡아주지 않는다. 이런 것이 없는 상태에서 사교육이 들어가는 건 공교육의 문제를 되풀이하는 것일 뿐이다.

공교육은 시험 범위를 제시하지만 아이들이 그 내용을 소화시키게 하지는 못하고 있다. 학교는 평가하고 등급을 나누고 순위를 정하는 곳이라서 여기에 종사하는 선생님도 마인드가 다를 수밖에 없다. 게다가 공무원으로서 행정 업무가 너무 많아서 수업 준비와 아이들에 대한 연구에 할애할 시간이 너무나 부족하다. 그러다 보니 평가를 잘 받게 하는 것은 사교육에 맡겨져 있는 것이다.

학원은 평가의 결과를 내야 하기 때문에 디테일한 수업에 들어갈 수밖에 없고, 소비자들의 필요에 따라 공교육과는 다른 개별적인 관리에 신경 쓰는 곳이 생겨날 수밖에 없다. 학교는 아이가 시험을 잘 보지 못한 것에 대해 책임을 지는 기관이 아니다. 그렇지만 학원은 아이들 성적에 대해 함께 책임을 져야 한다.

지식 전달이 교육의 끝은 아니다

공교육에서 개별 관리를 해줄 수 없는 이유는 또 있다. 일단 학생 수가 많다. 미국의 교육 심리학자인 벤저민 블룸의 완전학습 이론에 의하면 학습 효과가 나는 가장 큰 전제 조건은 개별 맞춤이다. 개별화 수업이 이루어져야 완전학습 수업 구성을 할 수가 있다. 그 말은 아이들이 못 따라가면 거기에 맞춰서 모르는 것을 잡아주고, 잘하는 아이들은 잘하는 대로 앞서나갈 수 있게 해줘야 한다는 뜻이다. 개별적인 차이를 인정하면서 그것을 보완해나가야 학습적인 효과가 이뤄지는 것이다.

그런데 공교육은 그룹 진도이기 때문에 개별 진도, 개별 피드백이 이뤄질 수 없고 아이들의 학습 태도, 습관이나 학습 방법을 잡아줄 수 있는 구조가 안 된다. 공교육에서는 학습 효과를 기대할 수 없는 상황인 것이다.

무엇보다도 학습 효과는 지식 전달에서 끝나는 것이 아니라 그 이후에 어떻게 하느냐에 따라 달라진다. 지식 전달 후 체화시키는 단계가 가장 중요한데, 공교육에서는 그 다음 단계가 없기 때문에 당연히 학습 효과가 나올 수 없다. 그래서 아이들은 사교육을 받게 되는 것이다.

사교육은 크게 세 가지로 나눌 수 있다. 학원, 과외, 자기 주도형 온라인 학습 기기 등이다. 그런데 학습 효과를 이끌어내려면 나는 크게 네 가지 조건이 필요하다고 봤다. 첫째, 선생님이 개별 관리를 할 수 있을 정도의 소그룹이어야 한다. 둘째, 개별 진도, 개별

22

1장 · 공부방 교사가 AI 학습을 만들었다고?

피드백이 가능해야 한다. 셋째, 체화 단계까지 책임져야 한다. 넷째, 습관과 태도를 잡아줘야 한다. 즉 딴짓하거나 공부를 안 하려고 하는 자세를 통제해줄 수 있어야 한다.

사교육에서 이 네 가지를 충족시키려면 어떤 형태가 좋을지 생각해봤다. 우선 학원은 여러 아이들이 같이 다니며 그룹 수업을 한다. 따라서 개별 진도, 개별 피드백이 안 되는 학원이라면 공교육과 똑같은 상황이 발생할 것이라는 문제가 있었다. 다만 학원 선생님이 좀 더 책임감을 가지고 아이들이 학습 내용을 이해하고 체화할 수 있게 노력해볼 여지가 있다고 생각했다.

그러면 과외는 어떨까? 그룹 과외 또한 그룹 수업 방식이라 개별 진도, 개별 피드백이 안 되기 때문에 학원과 다를 바가 없다. 반면에 개별 과외는 개별 진도와 개별 피드백이 가능하나, 체화하는 데까지 도달하는 것이 힘들다. 과외 선생님은 정해진 시간 안에 끝내고 가야 하기 때문이다. 수업 후에 어떻게 복습을 해야 자기 것으로 만들 수 있는지는 어차피 다시 학생에게 남겨진 문제가 된다. 아이와 같은 집에 살면서 항상 봐주는 입주 과외가 아닌 이상 결과적으로 학습 효과가 크지 않은 것이 맹점이다.

마지막으로 자기 주도형 온라인 학습 기기가 있다. 개별적으로 쓰는 학습 기기를 주니까 개별 맞춤인 것 같지만, 가장 큰 문제는 개별 진도, 개별 맞춤 콘텐츠를 아이들이 스스로 선택해서 짜야 된다는 것이다. 이게 가능한 아이들은 0.1%의 상위권 학생들뿐이다. 아이들은 본인이 모르는 부분이 무엇인지 인지하지 못하기 때문에 '많이 알고 있으며 스스로 할 수 있다'라고 착각하는 경우가 많다. '이 정도면 나 많이 아는데'라고 생각하는 것이다.

한 아이의 학습 효과를 극대화시키려면 전문적인 선생님이 그 아이가 뭘 모르는지를 세밀하게 잡아줘야 한다. 매주 전화하는 상담 선생님은 실제로는 이런 것들을 해주지 못한다. 그저 아이의 학습 진행률을 체크해줄 뿐이다. 또 온라인 강의를 들은 후에 복습을 어떻게 해야 할지 연결해주는 프로세스가 없다.

'될 때까지 한다'를 목표로 삼다

나는 학습에 어려움을 겪는 아이들이 방치되는 걸 보는 게 견디기 힘들어 영어학원 강사를 그만두었다. 내가 할 수 있는 일이 무엇인지 생각해보니, 사교육의 세 가지 형태 중에서 그래도 완전학습을 지향하고 실행하려는 학원은 아이들이 공부를 체화하는 데 도움을 준다고 봤다.

학습 효과는 학원의 존립을 좌우한다. 그래서인지 아이들이 최대한 체화시킬 수 있도록 신경 쓰는 곳이 실제로 꽤 있었다. 다만 영어는 수학과 달리 단어, 듣기, 문법, 독해, 쓰기 등 다양한 영역에서 완전학습이 돼야 하기 때문에 이 모든 것을 이해하고 외우고 하나하나 다 잡아주기가 힘들다는 것이 문제였다.

체화를 다른 말로 바꾸면 '될 때까지 관리한다', '끝까지 잡고 케어한다'라고 할 수 있을 것이다. 그래도 학원은 '1시 30분부터 8시까지'처럼 오픈된 시간이 있어서 아이들을 붙잡고 복습을 시킬 수 있기 때문에 가능성은 있었다. 그러려면 소그룹의 공부방 형태가 보완책이라고 나는 생각했다.

학생이 100명이어도 모두가 완전학습

• • •

나는 지금 AI 영어 학습 프로그램을 개발하는 회사의 대표지만, 원래는 학원을 운영하는 원장이었다. 처음부터 학원을 크게 했던 건 아니고 그 시작은 공부방이었다. 대형 프랜차이즈 영어학원에서 강사 생활을 하면서 느꼈던 안타까움을 보완할 수 있다고 생각했기 때문이다. 대부분의 아이들은 알아서 공부하는 것이 어려운데 보통의 학원들은 이런 아이들보다 잘하는 아이들을 중심으로 운영되었다. '이건 과연 괜찮은 일인가? 정말 어쩔 수 없는 일인가?'라는 의문과 함께 '교육자'라는 나의 정체성을 지키고 싶다는 생각도 들었다.

20대 후반에 방 한 칸에서 아이들을 가르치기 시작했다. 일반적으로 대형 영어학원에서는 10명은 기본이고 20명까지 학생들을 교실에 채워 넣고 강의식 수업을 중점적으로 했다. 주로 문법 강의를 했는데 아이들 한 사람씩 학습 상태를 봐주는 코칭은 아예 할 수가 없었다. 아이들의 상태가 모두 다른 데다 일대일 코칭을 시도조차 할 수 없는 환경에서는 영어가 늘 수 없었다. 아이들에게 도움이 안 되는 걸 뻔히 알면서 시간만 때우는 모습을 더 이상 보고 싶지 않았다.

학생이나 학부모들도 사실은 강의만 들어서는 학습 효과가 나지 않는다는 걸 느끼고 있었을 것이라 생각한다. 그렇지만 어떻게 하면 되는지 방법을 모르니까 막연한 기대감을 품고 학원에 보내는 것 같았다. 아이들 각자에게 맞춰 학습 상태를 잘 잡아주는 것, 그것이 학생들이 원하고 기대하는 것이었다. 내가 학원이 아닌 공부방을 열었던 건 바로 그 때문이었다. 어떻게 하면 아이들에게 학습 효과가 있을까 고민한 결과 각 개인에 맞춰진 학습을 구현하면 성공할 수 있을 것이라는 확신이 들었다.

나는 공부방에서 두 가지를 적용해야겠다고 생각했다. 첫째, 그룹식 강의가 아니라 개인 과외 같은 소그룹 수업을 하는 것이다. 둘째, 학원과 같은 체계적인 시스템을 갖추는 것이다. 과외는 개인에게 맞춰준다는 장점이 있지만 대개는 체계가 없어서 생각했던 만큼 효과가 잘 안 나오는 경우가 많다.

학부모가 학원을 보내는 이유는 커리큘럼대로만 과정을 잘 밟으면 영어 공부를 따라갈 것이라는 기대심리 때문이다. 내가 강사 생활을 했던 대형 학원도 학부모들이 브랜드 파워 때문에 아이들을 보내는 경우가 많았다. 한마디로 체계성에 기대를 거는 것이다. 그래서 나는 공부방에서 체계성을 갖춘 과외식 수업을 해야겠다고 생각했다.

소그룹 과외 형식으로 영어를 훈련시키다

공부방을 처음 시작했을 때 내가 생각하는 이상적인 교육 현장의 모습이 있었다. 아이들이 가방만 들고 왔다 갔다 하는 학원이 아닌, 배운 걸 머릿속에 진짜 넣어서 돌아가는 곳이면 좋겠다는 것이 내 희망이었다. 소수의 아이들을 빼고 나머지는 모두 들러리가 되는 현상이 피부로 느껴지던 경험을 다시는 하고 싶지 않았다.

공부방을 오픈한 첫 주에는 이론 강의를 하고 학생들이 틀린 부분을 봐주는 식으로 수업했다. 먼저 보통의 다른 선생님들처럼 수업하고 나서 일대일로 아이들의 부족한 것을 잡아주는 그룹 과외 형식이었다. 그룹 강의와 코칭을 혼합한 셈이었다. 한 반의 정원은 중등부 4명, 초등부 6명으로 했고, 학원 강사 시절에 고민했던 문제를 해결하기 위해 각각의 아이들 성적 관리에 힘썼다. 한마디로 개별 맞춤 교육을 표방하는 공부방이었다.

공부방을 오픈하고 처음 며칠 동안은 수업만 했는데 아이들의 학습이 늘지 않는다는 것이 느껴져서 바로 체계를 바꿨다. 테스트의 필요성을 깨달은 것이다. 수업 시간에 배운 건 바로 테스트하는 체계를 만들었는데, 아이들이 시험을 보면 참 허무하게도 방금 가르쳐준 것도 거의 다 틀리곤 했다. 문법 영역은 기본적으로 수학과 비슷해서 이론을 암기해야 문제를 풀 수가 있는데, 그게 잘 안 되니까 틀릴 수밖에 없었다. 예를 들어 가정법이라면 if절 구조를 외워야만 적용할 수 있다. 그래서 수업 후에는 무조건 남아서 암기까지 하고 보내기로 했다.

'수업한 내용을 복습시켜야 하는구나'라고 깨달은 후, 공부방을 시작한 첫 달부터 복습을 의무화해서 수업의 형태로 만들었다. 문제가 생긴 아이들이 남아서 공부하는 것이 아니라 모든 아이들이 무조건 해야 하는 추가 학습이 된 것이다. 또한 수업에서 일대일 피드백을 해주다 보면 바로 구멍 난 부분이 보였다. '영어는 단어를 모르니까 아무것도 못하네'라는 게 극명하게 보였기 때문에 복습 시간에 이론 암기뿐 아니라 단어도 외우고 가도록 했다.

단어는 사실 강의가 필요한 것이 아니라 아이들이 직접 학습해야 하는 훈련의 영역이다. 선생님의 티칭(teaching)이 필요한 게 아니라 본인이 직접 습득하는 게 중요했다. 하다 보니 듣기 또한 티칭이 아닌 훈련이 중요함을 알았다.

처음에는 듣기 수업을 진행하면서 "자 같이 들어보자", "딕테이션(dictation, 받아쓰기) 해보자", "따라 말해보자" 이런 과정을 진행했다. 그런데 이게 별로 의미가 없었다. 아이들은 뒤돌아서면 금방 잊어버리고 기억을 못 했다. 듣기는 본인이 들릴 때까지 반복해서 들어야 하는 문제인 것이지, 강사의 수업 흐름을 따라간다고 해서 늘 수 있는 영역이 아니었다.

게다가 개인별로 체화시키는 학습 시간이 다르기 때문에 더욱 강의로 해결할 문제가 아니었다. 영어 문장을 열 번은 들어야 들리는 아이가 있고 다섯 번 들었을 때 들리는 아이가 있다. 단어 10개를 외우는 데 30분 걸리는 아이가 있고 10분 만에 외우는 아이가 있는 것처럼 말이다. 단어와 듣기는 지식 전달의 문제가 아니었다. 굳이 수업 시간에 이걸 할 필요가 없었다. 아이들에게 어떻게든 하나라도 더 머릿속에 넣어주기 위해서는 시간을 효율적으로 써야 했다.

단어도 듣기도 결국엔 시간의 문제였다. 강의는 필요 없었고 남아서 복습하는 시간에 의무적으로 공부를 시키고 집에 보내기로 했다. 점점 남아서 공부해야 할 양이 늘어났지만, 내가 가장 신경 쓴 부분은 바로 복습이었다. 아이들의 학습 능력을 높이기 위해서는 수업 시간에만 잘 가르친다고 될 일이 아니었다. 오늘 배운 걸 완벽하게 복습을 해야 실력으로 남는데, 그게 안 된다면 학습 효과는 떨어질 수밖에 없었다.

나는 동생 방을 비워서 '엑스트라(EXTRA)실'이라고 이름 붙이고 독서실처럼 썼다. 수업이 끝나면 아이들은 엑스트라실로 옮겨가서 공부한 내용 그대로 복습하고 가야 했다. 보통의 학원은 집에 가서 공부(복습)를 마저 하고 오라고 하는데, 나는 그대로 보내지 않고 책임지고 끝까지 시키는 시스템을 만들었다.

공부방을 처음 시작했을 때 초등부를 타깃으로 운영하고 싶었지만, 실제로는 중등부가 빨리 자리가 잡혔고 중등부를 중심으로 운영하게 됐다. 나중에는 성적이 올라간 중등부 아이들의 동생들이 자연스럽게 유입되다 보니까 초등부와 중등부를 합해 3개월 만에 50명 정도가 모였다. 이후로도 학생 수는 꾸준히 늘었고 금세 100명을 넘겼다.

"수업 끝나면 복습하고 가야 돼!"

학교 성적을 기준으로 아이들을 나누었을 때 어느 학원에 다니든 성적이 잘 나오는 1%의 상위권 아이들이 있다. 많이 잡으면 4% 정도의 아이들이 자기 주도 학습이 가능한 아이들이다. 이 아이들은 숙제를 내주면 당연히 해오는 것은 물론 그 질도 높았다. 그 아이들은 성적이 떨어졌을 때 자기가 무엇을 모르는지에 집중해 그걸 채워나가는 방식으로 공부한다. 솔직히 말하면 내가 가르치지 않아도 잘할 아이들이다. 30~50% 정도의 중위권 아이들도 역시 숙제는 잘 해온다. 숙제의 질을 따지지 않고 말한다면 그렇다. 자신이 뭘 모르는지 잘 모르는 경향이 있긴 하지만, 시키는 것은 잘 해온다.

반면에 숙제하는 것조차 힘겨워하는 아이들이 있다. 여러 가지 원인이 있어서 학원을 여러 군데 전전하다가 나에게 온 아이들이 여기에 속하는 경우가 꽤 있었다. 공부하는 태도가 안 좋아서 그럴 수도 있고 너무 늦게 영어 공부를 시작해서 또래 아이들이 듣는 레벨을 못 따라가는 것일 수도 있다.

나는 레벨이 맞지 않아도 어떻게든 클래스에 넣고 못 따라가면 보강을 하는 것으로 했다. 한마디로 '될 때까지' 시키자는 것이다. 개별 관리는 우리 공부방의 특징이자 강점이었다. 그래서 복습을 위한 추가 학습 매뉴얼도 따로 만들었다.

그런데 학생 수가 30명이 넘어가자 혼자서는 감당할 수가 없게 되었다. 조교 선생님이 절실히 필요했는데, 나중에 생각해보면 본

격적으로 나의 고생길이 시작된 시점도 학생 수 30명이 넘으면서부터였다. 내가 표방하는 완전학습에 크고 작은 문제들이 발생하기 시작한 것이다.

단어와 듣기는 아예 추가 학습의 훈련 영역으로 넘겨 조교 선생님이 맡았지만, 문법과 작문은 티칭이 필요한 영역이었다. 막히면 혼자 할 수 없기 때문이다. 문법과 작문은 이론 강의가 먼저 들어가고 나서 아이들이 문제를 풀도록 했고, 틀린 문제는 교정을 해주었다. 피드백까지 필요한 영역이 문법, 작문인 것이다. 하지만 문법과 작문도 훈련은 필요했다. 수업만 들으면 끝나는 것이 아니라 제대로 소화를 하려면 기본적으로 이론 암기를 하고 관련 문제를 반복적으로 풀어봐야 한다. 또 틀린 문제가 있으면 왜 틀렸는지 평가를 해보고 유사문제를 풀 줄 알아야 한다. 티칭과 훈련 두 가지가 다 필요했기 때문에 선생님의 손길이 많이 필요했다.

영어는 사실 6개 과목이다

· · ·

아이를 학원에 보낼 때 학부모는 영어가 한 과목이라고 생각하고 보낸다. 그러나 가르치는 입장에서 영어는 여섯 과목이다. 단어(vocabulary), 듣기(listening), 문법(grammar), 작문(writing), 독해(reading), 말하기(speaking) 등 여섯 영역은 모두 적합한 학습법이 다르기 때문이다. 그리고 영어 역시 언어이기 때문에 6개 영역이 융합적으로 모두 완전학습이 돼야 학습 효과를 제대로 볼 수 있다.

버틀러(Andrew C. Butler)와 로디거(Henry L. Roediger)가 주장한 테스트 이론에 의하면 시험을 보고 피드백을 받는 것은 학습 효과를 위해 꼭 필요한 일이다. 연구에 의하면 한 번 공부하고 연습 시험을 봤던 학생들은 시험 없이 반복학습만 했던 학생보다 실제 시험에서 3배 더 학습 효과가 좋았다. 그리고 시험 후 피드백까지 받았던 학생들은 4배 더 좋은 학습 효과가 있었다. 반복학습은 배웠던 내용을 암기하고 장기 기억으로 저장하기 위해서 꼭 필요한 방법인 건 맞지만, 좀 더 확실한 효과를 위해서는 반드시 테스트와 선

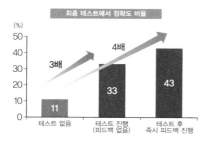

| 버틀러와 로디거의 테스트 이론 |

생님의 피드백을 병행해야 했다.

　나는 학습 효과를 내고 성적을 높이기 위해 테스트와 반복학습을 단어에만 적용한 게 아니라 6개 영역에 모두 실시했다. 당연히 가르치는 입장에서는 챙겨야 할 것도 많고 정신없이 복잡할 수밖에 없었다.

단어와 리스닝은 티칭보다 훈련이다

　학생들이 강의를 듣고 지식 전달을 잘 받았어도 그게 공부의 전부는 아니다. 보통의 학원들은 매일 시험을 보더라도 단어 시험 정도에서 끝난다. 그것만으로도 시간을 많이 잡아먹고 선생님은 정신이 하나도 없다. 그러나 언어 교육은 듣고 말하고 쓰는 것이 모두 가능해야 하는데, 단어 시험만 보는 것으로는 학습 효과를 제대로 볼 수 있을 리가 없다. 선생님들 또한 그걸 알지만 6개 영역 모두 테스트를 하고 반복학습을 시키는 게 현실적으로 너무 어렵다. 그래서 대부분 선생님들은 완전학습을 실현하기란 불가능하다며 어쩔 수 없다고 체념한다.

나는 이걸 어떻게든 실현하고 싶었다. 세밀히 들여다보면 영어 학습은 6개 영역별로 관리 방법이 달라야 하지만, 그중에는 묶어서 학습할 수 있는 것들이 있다. 우선 단어와 리스닝은 묶어서 관리한다. 여기서는 티칭보다 선생님의 관리력이 필요하다. 언어로서 영어는 이해해야 할 것도 있지만 기본적으로 외워야 할 것이 많다. 그러나 개인마다 습득 시간에 차이가 있기 때문에 개별 맞춤으로 코칭과 관리가 필요했다.

어떤 아이는 하루에 10개의 단어도 못 외워서 울면서 하는 아이가 있고, 어떤 아이는 하루에 50개를 암기해도 거뜬한 아이가 있다. 그럴 때는 아이의 상태에 맞춰 조정이 필요하다. "너는 단어 10개를 거뜬히 암기하니까 개수를 좀 올려볼까?"라고 제안한다거나, 아이가 많은 양을 버거워하면 작은 성취감을 줄 수 있도록 학습량을 줄여야 한다. 이러한 휴먼 터치는 교육 현장에서 반드시 선생님이 필요한 이유가 된다.

그런데 실제로는 공부방에서 완전학습을 목표로 단어와 리스닝을 공부시키는 것이 쉽지 않았다. 개별 맞춤으로 테스트를 준비해야 했기 때문이다. 우선 아이마다 어떤 단어를 몇 개나 암기할지, 리스닝은 몇 문장을 훈련할지 각각 정해줘야 했다. 이렇게 아이가 스스로와 싸우면서 어떻게든 개별 학습을 완벽하게 해놓아야 테스트를 볼 수 있는 것이다. 단어 시험은 100점을 맞을 때까지 재시험에 재시험을 보고, 리스닝은 들릴 때까지 반복해서 듣고 난 후에야 아이들은 집에 갈 수 있었다.

사실 단어 시험만 해도 완전학습이 되려면 누적 테스트를 봐야 했다. 오늘 외운 걸 다음날 기억 못 하고 하루 만에 까먹어서는 소용이 없다. 문제는 복습으로 하는 추가 학습은 개인별로 진도가 다르기 때문에 재시험과 누적 시험을 일일이 준비하는 게 불가능에 가깝다는 것이다. 만점을 맞을 때까지, 또는 목표한 점수가 90점이라면 90점 이상 맞을 때까지 무제한으로 반복해서 재시험을 봐야 하는데 아이마다 모두 다른 시험지를 뽑아주지 못한다는 현실적인 문제가 있었다.

이상적으로 생각하는 것과 실제는 달랐다. 그래도 시험지에 쓴 답을 지우개로 지우고 다시 시험을 보는 식으로라도 어떻게든 완전학습에 다가가려고 노력을 기울였다.

문법과 독해는 개별 피드백이 필요하다

영어 과목에서 단어와 리스닝은 선생님 강의를 듣는다고 해서 잘 외워지거나 실력이 늘진 않는다. 이것은 독해도 마찬가지인데, 기존의 독해 수업을 보면 선생님이 해석하는 걸 학생들은 단체로 듣고 있는 식이 많았다. 그런다고 독해 실력이 늘 수 있을까? 그렇게 구경만 하는 건 의미가 없다. 학생 스스로 해석을 해보고 나서 잘 안 되는 부분만 쏙쏙 골라서 선생님이 봐줘야 의미가 있다. 그래서 독해는 수업 전에 미리 스스로 해석을 한 후에 피드백을 주는 방식이 합리적이다.

그런데 문법은 개념을 이해해야 하기 때문에 아이들이 혼자 하기 힘든 영역이다. 이론 강의가 선행돼야 하고 수학 공식을 적용하듯이 강의에서 배운 걸 그대로 실전에 적용해볼 수 있도록 많은 문제를 풀고 작문까지 통합해서 훈련해야 한다. 문법을 배우는 이유 중에 하나는 해석을 정확히 하기 위한 것이다. 따라서 같은 수준의 독해와 묶어서 공부를 해야 한다.

공부방에서 문법과 독해 수업은 세트로 구성되어 처음에는 레벨별로 반 구성을 하고 강의를 진행했다. 현실적으로 한 사람씩 개별 강의를 해줄 수는 없었기 때문이다. 아이들은 학원에 오면 반별로 강의식 수업을 들었는데, 문법 이론 강의를 듣고 문법 오답 문제와 독해 해석 숙제를 해온 걸 피드백해주었다. 독해는 학생이 스스로 해석이 틀린 걸 고치고 나면 문장구조 분석을 해보고 한 문장씩 그에 대한 교정 피드백을 진행했다. 문법도 오답 문제에 대해 학생이 스스로 오답 분석을 한 후 교정 피드백을 진행했다. 그룹 강의를 하는 동안은 일대일 코칭을 해주지 못하기 때문에, 1시간은 그룹 강의를 하고 1시간은 개별적으로 오답 문제를 교정하면서 피드백을 해주는 수업을 했다.

이렇게 2시간 수업을 진행하고 난 다음에는 문법과 독해 역시 무조건 복습을 하게 했다. 집에서 복습을 해오라고 하면 이걸 알아서 해오는 아이는 본 적이 없기 때문에 자율적으로 공부할 문제는 아니라고 생각했다. '나머지 공부'라고 부르면서 못하는 아이들만 남아서 하는 그런 구조가 아니었다.

모든 아이가 의무적으로 학원에 남아 복습까지 하게 시켰더니 평균적으로 2시간은 걸렸다. 빨리하면 빨리 갈 수 있는 게 복습이어서 시간을 고정한 건 아니었는데 결과적으로는 수업만큼 걸렸다. 아이들은 공부방에 한 번 오면 4시간 동안 꼬박 공부를 하게 된 것이다.

작문과 말하기, 2단계 학습이 필요하다

사실 언어의 궁극적인 목적은 말하기(스피킹)와 쓰기(작문)다. 이건 무조건 선생님이 필요한 영역이다. 고학년이 될수록 6개 영역은 유기적으로 융합되지 않으면 안 된다. 선생님이 이끌어내고 체크하면서 피드백하는 것을 반복해야 한다. 소통하는 수업이 진행돼야 하는 것이다. 입시에 가까워졌다면 말하기 훈련은 못하더라도 일단 쓸 줄은 알아야 한다. 모든 걸 작문으로 연결시켜야 하는 것이다. 리스닝했던 것도 쓸 줄 알아야 하고 독해 문장도 거꾸로 한글 해석을 보고 영어로 쓸 줄 알아야 한다.

물론 여기에도 문장을 무조건 외워야 한다는 학습의 기본적인 전제는 있다. 스피킹도 역시 1단계는 암기부터 시작한다. 독해 문장을 작문 시간에 영작으로 해보고 스피킹 시간에 말해보는 훈련으로 융합하면 완전학습의 구현이 효율적으로 가능해진다. 각각의 영역별로 굳이 다른 내용을 다룰 필요 없이 한번 배운 내용은 듣고 쓰고 읽고 말하기가 다각도로 되게끔 완전하게 적용시키는 것이다.

수능에서는 스피킹 영역이 없기 때문에 고등부는 대체로 말하기 수업이 없다. 초등부, 중등부에서 스피킹 수업을 한다면 이때는 레벨을 맞춰서 팀을 모아야 한다. 스피킹은 티칭이 필요하지만 문장을 말해보는 훈련도 엄청나게 필요하다. 실력을 떠나서 일단 입 떼는 것이 어려운 아이들이 많다. 그래서 툭 치면 바로 나올 정도로 그냥 계속 연습시키는 수밖에 없다. 주어진 문장을 그 정도로 연습한 다음부터는 단어만 바꿔도 말할 수 있게 응용을 시킨다. 그러면 어느 순간 나도 모르게 영어가 툭 튀어나오게 된다. '어 뭐지? 내가 말할 수 있네'라고 느끼면 아이들은 희열을 느낀다.

가끔 학부모 중에 이걸 등한시 여기는 분들이 있다. "아니 그건 그냥 있는 문장을 외운 건데 얘가 말할 수 있는 건 아니잖아요. 암기해서 말하는 게 필요해요?"라고 의문점을 갖는데, 이 1단계가 안 되면 그다음은 없다. 독해든, 문법이든, 작문이든 스피킹이든 문장을 일단 외워야 한다. 'I am a student'를 배웠으면 통으로 먼저 외워야 아이들이 영어로 말할 줄 알게 된다. 이 말이 돼야 'I am a teacher'든 'I am a singer'든 말할 수 있다. 이건 아이를 앉혀놓고 계속 훈련을 시켜야만 가능한 일이다.

"이상하게 우리 애는 응용이 잘 안 돼요. 문제 풀면 다 틀려요" 라고 고민하는 부모들도 있다. 그 원인은 1단계 개념부터 안 잡혔기 때문이다. 기본 개념을 툭 치면 나올 정도로 암기해야 하고, 여기에 진짜 공을 들여야 한다. 문법 문제가 틀렸을 경우도 작문이 틀렸을 경우도 툭 치면 바로 나올 정도로 설명할 수 있어야 한다. 암기는 모든 학습의 첫째 전제 조건이다. 공부방에서 이 부분을 추가 학습 때 확실하게 잡아주려고 했다.

아이들은 문장을 외웠다 해도 단어 하나만 바뀌면 갑자기 잘 못하기 일쑤다. 그래서 다음으로 2단계 응용까지 꼭 연결해야 한다. 같은 문법인데 단어만 바뀐 문장을 테스트해서 틀렸다면 바뀐 그 문장을 또 외워야 한다. 그리고 맞을 때까지 응용문제를 반복해야 한다. 이렇게 문법, 독해, 작문에서도 암기와 응용, 2단계의 반복 학습은 계속돼야 한다.

될 때까지 시키는 학습, 그게 정말 가능해?

• • •

학습 효과를 내고 성적을 높이기 위해 내가 아이들에게 적용했던 영어 학습 교육은 벤저민 블룸의 완전학습 이론에 근거한 것이었다. 그는 1955년 '교육목표 분류'라는 걸 발표했는데, 여기서 '완전학습' 모델을 제시했다. 완전학습이란 지적 능력에 결함이 있는 5% 정도의 학생을 제외한 95%의 학생이 수업 내용의 약 90% 이상을 학습한다는 뜻이다. 본질적으로 적절한 학습 조건만 갖추어진다면 이 세상의 누군가가 배울 수 있는 것은 거의 모든 다른 사람들도 배울 수 있다고 본 것이다.

그는 수업의 질과 학습 시간을 각각의 학습자에게 알맞게 조절해준다면 학생 대부분은 학습을 성취하게 된다고 했다. 이것은 개별화 수업을 해준다면 완전학습이 가능해진다는 뜻이다. 또한 그는 완전학습을 위해서 보충학습을 강조했는데, 학습 단계마다 제대로 따라가지 못하는 학생들에게 보충학습의 기회를 제공한다면 누구나 완전학습은 가능하다는 것이다.

완전학습을 위한 교수(教授)에서 중요한 것으로는 두 가지를 들었다. 하나는 본 수업이 시작되기 전에 진단평가를 실시하는 것이다. 또 하나는 수업 중에도 수시로 학생들의 학습 정도를 측정하는 평가(형성평가)를 실시해서 그 결과에 따라 보충 심화학습으로 적절한 처방을 해준다는 것이다.

2011년 12월에 오픈한 공부방은 이러한 완전학습을 최대한 실현하려고 노력한 덕분에 학생 수는 꾸준히 늘었고, 3년 5개월 후에는 학원으로 형태를 바꿔 재오픈하게 되었다. 학생 수가 30명이 넘어서면서부터는 혼자서 공부방을 운영하는 데 무리가 왔기 때문에 학원으로의 전환은 불가피했다. 나 혼자서 많은 아이를 100% 케어하는 건 불가능했다. 아이들 복습을 봐주면서 시험지 채점 등을 보조해줄 인력이 절실했고, 수업해줄 강사들도 채용했다.

재오픈하고 난 뒤에는 학생 수가 170명까지 늘었는데 학원을 2층으로 확장해야 할 정도였다. 사실 이건 굉장한 성과였음에도 불구하고 나는 숨도 못 쉴 정도로 극심한 스트레스를 받는 때가 많았다. 학원 수업의 구성을 과제(예습), 본 수업, 추가 학습(복습)으로 구성했는데, 영어의 여섯 영역 모두 말로만 표방하는 것이 아니라 진짜 완전학습을 실천하려고 했기 때문에 인력이 많이 필요했고 그에 따라 스트레스도 가중되었다.

시간표를 짜보면 2시부터 10시까지 일주일에 2회 수업을 기준으로 했을 때 강사 한 사람당 대략 10개의 반을 맡을 수 있었다. 공부방에서는 한 반에 초등부 6명, 중등부 4명이었기 때문에 강사가 최대 맡을 수 있는 인원은 50명이었다. 학원으로 재오픈하고 나서는 공간이 넓어져 한 반에 초등부 8명, 중등부 6명씩 구성했고, 강사 한 사람당 맡을 수 있는 최대 인원은 70명이었다.

이렇게 따져보면 학생이 100명일 때 강사는 2명만 있으면 될 것 같지만, 이것은 어디까지나 이론일 뿐이다. 실제로 우리 학원에 학생이 100명일 때 강의 수업을 하는 전문 강사가 5명, 조교가 3명 있었다. 실제로는 강사 1명당 16~20명의 학생밖에 담당하지 못했기 때문이다. 50명은커녕 반도 못 채우는 것이다.

강사는 문법 강의와 독해 피드백을 내용으로 하는 2시간짜리 수업만 하고 훈련 영역을 담당하는 추가 수업에는 들어가지 않는다. 추가 수업은 아이들이 개별로 진행하는 보충학습이기 때문에 공간만 따로 있으면 되고 조교 선생님이 담당했다. 나중에 안 사실이지만 모든 학원이 이렇게 많은 강사와 보조 인력을 쓰는 건 아니었다. 한 반에 여러 아이들을 모아놓고 그룹식 집단 수업을 하는 곳은 아직도 여전히 많기 때문이다.

누가 가르치냐에 따라 성적이 달라진다?

그러면 완전학습의 효과는 얼마나 좋았을까? 아이들은 홍보 없이 입소문만으로도 엄청나게 들어왔다. 공부방을 처음 시작하고 3개월 만에 이미 학생 수가 50명을 돌파하고 꾸준히 100명까지 늘었던 것은 그만큼 아이들의 학습 효과가 좋았기 때문이다. 홍보도 안

하는 공부방이었는데도 불구하고 대형 학원에 다니던 아이들, 다른 지역에 사는 아이들도 소문을 듣고 찾아왔다. 차량 운행을 하는 것도 아니었다. 어머니들이 직접 차에 태워서 데려다주고 데리러 왔고, 대기자가 몰려 있었다. 워낙 완전학습에 가깝게 관리를 했기 때문에 결과가 좋을 수밖에 없었다고 생각한다.

가르쳐보니 영어는 강의력에 크게 영향을 받는 과목이 아니었다. 훈련이 더 중요하고 얼마나 체화시킬 수 있는지에 훨씬 더 크게 좌우된다. 다만 단어도 외워야 하고 듣기 연습, 독해 문장 암기 등 본 수업과는 별개로 훈련할 시간이 필요하다.

공부방일 때도 학원을 오픈했을 때도 마찬가지였는데, 완전학습을 위해서는 학생별로 개별 케어를 해야 했고 그러려면 소그룹 수업을 해야 했다. 그날 배운 건 학원에서 완벽하게 복습하는 것이 정해진 루틴(routine)이었고, 반드시 외우고 테스트를 봐야 했다. 개별 관리이기 때문에 일괄적인 테스트가 아니라 각자 다른 추가 학습 진도에 맞춰 시험지도 따로 준비해야 했다. 모든 건 최대한 완전학습을 시키기 위한 노력이었다.

그 결과 중등부의 경우에는 내신 성적이 올랐고, 초등부는 분기별로 보는 성취도 평가 테스트에서 학습 성과가 오르는 것을 확인했다. 무엇보다 담당하는 선생님 입장에서 아이들이 영어가 느는 것을 쉽게 체감할 수 있었다.

강사마다 다른 관리력의 한계를 발견하다

이렇게 완전학습을 위한 세팅을 해놓았건만, 문제는 실제 적용하는 과정에서 담당 선생님이 아이들을 어떻게 잡아주느냐에 따라 결과가 달라질 수 있다는 것이었다. 강사 개인의 관리력과 강의력에 따라 좌우되는 것이 눈에 보였다. 담당 선생님에 따라 어떤 반은 그만두는 아이들이 유난히 많다든가 성적이 잘 안 오른다든가 하는 문제가 있었다.

관리력이 좋은 강사는 어머니께 전화를 해서라도 어떻게든 아이를 앉혀놓고 공부시키면서 끝까지 물고 늘어지는데, 관리력이 부족한 강사는 숙제를 안 해와도 그냥 넘어가는 경우도 있었다. 추가 학습을 할 때에 딱 봐도 아이가 문법도 어려워하고 리스닝이나 독해도 어려워하는데 그냥 지나가는 선생님이 있는가 하면, 문제 하나라도 더 풀어보게 하는 선생님이 있었다. 아무리 추가 학습 매뉴얼이 정해져 있어도 "선생님, 저 다 했어요. 갈게요" 하는 아이의 상태가 미흡하다면 "남아서 하나 더 풀고 가자" 할 수도 있는 것이다.

수업 내용을 각자 학습자 수준에 맞춰주는 개별화 수업이 완전학습의 조건이지만, 본 수업에서 문법과 독해를 개별 피드백으로 채우려 해도 시간의 한계가 있어서 힘든 점이 있었다. 게다가 강의가 개별 진도가 아니어서 생기는 한계점도 있었다.

우리 학원에서는 '추가 학습'이라는 제도를 만들어 강사 역량에 따라 이것을 최대한 활용했다. 비중을 따지자면 강의력보다는 관리력에 좀 더 초점을 맞춰 아이들의 학습력을 높일 수가 있었다.

강사가 달라도 최대한 영향을 받지 않게 하려고 추가 학습 제도를 만든 것이지만 그래도 문제는 많았다. 매뉴얼이 있어도 조교 선생님이 각자 어떻게 관리하는가에 따라 학습 결과가 좌우되는 경향이 있었다.

예를 들어 리스닝 훈련에서 크고 작은 문제가 생겼을 때 조교 선생님마다 대응이 달랐다. 딕테이션(빈칸 채우기)을 한 후에는 섀도잉(shadowing)을 시키는데, 원어민의 말을 한 템포 느리게 같은 속도로 따라 읽는 것이다. 이때 어떤 선생님은 속도나 발음이 완벽해질 때까지 반복시키지만, 어떤 선생님은 "음~ 그래" 하고 넘어가는 것이다. 아이들이 못 따라가거나 딴짓을 하거나 뭔가 문제가 생기면 그걸 적극적으로 해결하려는 사람이 있고 시간만 때우려는 사람이 있었다.

교사는 채점하고 아이들은 떠들고

학생 수가 많아지면서부터 나는 매뉴얼을 만들고 모든 아이들이 완전학습을 잘 하고 있는지 점검하는 일에 집중했다. 매일 추가학습이 진행되는 현장을 살피면서 아이들이 진짜 공부를 제대로 하고 간 건지 체크했다. 직접 대면한 강사가 아니면 알 수 없는 부분들이 있으니까 너무 궁금했다. 게다가 강사가 그만두거나 바뀌면 아이들 상태를 더 모르게 되는 것도 문제였다.

아이들은 영역별로 테스트를 보는데 기본 원칙은 만점을 맞을 때까지 재시험을 반복하는 것이다. 그래서 몇 회 만에 시험을 통과하고 집에 갔는지가 중요한 데이터가 된다. 예를 들어 매일 단어 10개를 암기하는데, 어떤 아이는 2회 만에 통과했고 어떤 아이는 10회 시험을 봤다고 하자. 10회 시험을 본 아이는 한 번 시험 볼 때마다 단어 하나씩 외웠다는 이야기가 된다. 이런 것들은 사후관리에서 중요한 정보이기 때문에 처음엔 추가 학습 관리 대장을 만들어서 모두 기록하게 했다.

그렇게 하자 선생님들의 할 일이 너무 많아졌다. 개별로 이루어지는 테스트 준비, 채점, 평가 기록 등을 일일이 다 정확히 챙긴다는 것은 사실 불가능한 일이었다. 특히 작문, 말하기에서 맞을 때까지 응용 단계의 문제를 제공해주기가 어렵다는 현실적인 문제가 있었다.

재시험을 볼 때는 틀린 것만 추린 문제지를 준비했다가 주면 좋겠지만 아이마다 뭘 틀릴지도 모르는데 그런 부분까지 바로바로 준비할 수가 없었다. 그래서 이전에 푼 문제지에서 답을 지우개로 지운 다음에 다시 시험을 봤다. 동 시간대에 학생들이 20명까지도 몰려오는데 그 와중에 아이들이 몇 회 만에 통과했는지 모두 체크하기란 어려운 일이었다.

채점해야 할 단어 문제지가 막 쌓여 있는데 리스닝, 독해 암기, 스피킹 문장 암기를 하는 아이가 몇 번째 시험을 보는지 체크할 정신이 없었다. 급한 대로 문제지부터 채점하다 보면 나중에는 기억이 안 나는 경우도 비일비재했다. 미치도록 바쁜데 자잘하게 할 일이 많다 보니 기록을 하더라도 잘못 쓰기도 하고, 잊어먹고 넘어가는 경우가 허다했다. 게다가 채점도 잘못해서 어머니들에게 왜 맞았는데 틀렸다고 채점했는지 항의하는 전화가 오기 일쑤였다. 개별화된 복습이란 아주 정신이 없는 일이었다.

아이들마다 특이 사항이 발생한다

추가 학습 시간에는 디테일한 부분에서 바로바로 해결해야 할 문제들이 많다. 아이가 집중을 못하고 있다, 딴짓을 한다, 시험을 볼 때마다 50점 이하다, 해야 할 과제가 계속 밀린다, 재시험을 항상 열 번씩 본다 등의 문제들은 실시간으로 파악해서 문제를 해결해야 한다. 유독 단어와 리스닝에서 이런 문제는 심한데, 이게 실시간으로 파악이 잘되지 않았다. 문제 발생과 동시에 즉시 해결해야 하지만 파악조차 안 된다면 그건 방치된다는 걸 뜻했다. 문제를 안고 그대로 쭉 가기 십상인 것이다.

나는 이런 문제들을 최대한 파악하기 위해 선생님들에게 일지를 쓰게 했다. 그러나 "원장님, 이 아이는 항상 10회까지 재시험을 봅니다. 어려워한다는 뜻이니까 암기할 개수를 조정해야 합니다"와 같은 이런 식의 제안을 하는 선생님이 있어야 하는데 모두가 내 마음 같지는 않았다.

그러다 어느 날은 추가 학습 시간에 직접 들어가 봤더니 좀처럼 진도가 안 나가는 아이도 있었고, 시험지에 지워진 흔적이 엄청나게 많은 아이도 있었다. 추가 학습 때 선생님들이 정신없다는 걸 알고 있기 때문에 기록만으로 모든 걸 파악할 수 없어서 학생들이 시험지를 각자 공책에 붙이도록 했다. 그런데 시험지에 지워진 흔적이 많다면 "몇 회 만에 통과했어?" 질문을 던져서 상황을 파악한 것이다. 어떻게 보면 '문제 있다' 파악하는 것은 사실상 나의 감에 계속 의존하고 있었다.

문제가 발생했을 때는 해결 방안이 나와야 한다. "이 아이는 쉽게 하니까 레벨을 높이자", "문법을 너무 어려워하니까 반씩 나눠서 풀게 하자", "리스닝을 따라하는데 너무 발음이 안 되고 어려워하니까 당분간은 발음이 정확해지는 것만 집중적으로 하고 한 달 후부터 다시 딕테이션을 시키자", "이 아이는 단어를 두 배로 늘리자" 이런 식으로 바로 반영하기 시작했다. 그러자 한 아이당 특이사항이 3~4개씩 발생했다. 매뉴얼은 있지만 기본 세팅에서 아이 상황에 따라 조금씩 틀어지기 시작한 것이다. 학생이 100명이면 100명 다 이런 변동 사항이 발생했다.

그런데 이런 상황을 일일이 선생님이 기억할 수 있을까? 당연히 불가능했고, 그래서 기록이 중요했다. 더 큰 문제는 그 변동 사항이 한 번 생기고 그대로 고정되는 것이 아니라 또 바뀔 수 있다는 것이다. 게다가 어딘가 적어놓았더라도 그걸 찾는 것 자체가 시간이 걸리는 일이었다. "잠깐만 기다려 봐. 너는 특이 사항이 없나 먼저 보자"라고 말하는 상황이 비일비재했다.

또 이런 경우도 있다. 화목반 아이가 갑자기 수요일에 학원에 온 것이다. 그러면 선생님들은 순간 긴장을 한다. '얘가 왜 왔지?' 싶은 것이다. "선생님, 저 못한 거 하러 왔어요. 오늘 오라 그러셨어요. 저 뭐 해야 돼요?" 이러면 아차 싶다. 아이들은 "수요일에 와"라는 말만 기억하지, 뭘 하러 온 건지는 잘 모른다. '내가 전날에 이걸 못 끝냈으니까 이걸 하러 가야지' 하는 학생은 극히 드물다.

이런 불상사를 막으려면 결국 기록을 해놔야 하고, 그 아이를 위한 시험지를 또 찾아야 한다. 만약 시험 문제 50개 중에 30개는 통과했는데 선생님이 그걸 기억 못 해서 다시 처음부터 50개를 풀라는 상황이 벌어지면 아이들은 짜증이 난다. 그래서 전날의 다 못한 시험지를 정확히 찾아내서 그다음을 이어가야 한다. 아주 복잡한 시험 지옥이 펼쳐지는 것이다.

이것이 모두 완전학습을 실현하기 위해 앞만 보고 달려오다가 만들어진 문제들이었다.

완전학습을 실현할 프로그램이 필요하다

• • •

인간은 누적해서 학습하지 않으면 무조건 까먹는다. 열 문제를 시험 봤는데 다섯 문제를 틀렸다면 그건 다시 시험을 봐야 한다. 내가 말했던 '될 때까지 시키는 학습'은 문제를 다 맞힐 때까지 재시험을 보는 걸 의미한다. 그런데 일반적으로 학원은 수업 시간이 정해져 있으니까 '그래, 이 정도면 됐어' 하고 집에 보낸다. 그래서는 될 때까지 시키는 완전학습은 불가능해진다. 다음 날이 되면 그 아이는 배운 내용이 기억나지 않을 것이다.

19세기 후반 에빙하우스(H. Ebbinghaus)는 기억 또는 망각에 대해 연구해 시간 경과에 따라 나타나는 일반적인 망각 경향을 그래프로 제시했다. 에빙하우스는 연구를 위해 '무의미 철자'라는 것을 고안했는데, 예를 들면 VAQ, MHI 같은 것들을 실험 참여자에게 완전하게 학습시킨 다음 시간 경과에 따라 망각량을 측정해 도표로 작성했다. 그것을 '에빙하우스의 망각곡선(forgetting curve)'이라고 한다. 연구에 따르면 학습 바로 직후에 망각은 매우 급격히 일

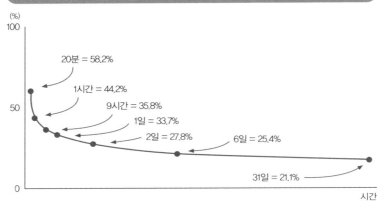

| 에빙하우스의 망각곡선 |

어나며, 특히 20분 내에 41.8%가 망각되었다. 학습 직후의 망각이 가장 빨리 일어나는 것이다. 따라서 학습 내용을 오래도록 기억하기 위해서는 반복학습과 시간 간격을 두고 규칙적으로 여러 번 수행하는 분산학습을 해야 효과적이라는 게 결론이다. 다시 말해 누적학습을 해야 한다는 뜻이다.

에빙하우스의 망각곡선 이론에서는 시간이 지남에 따라 기억을 유지하려는 시도가 없을 때 정보가 손실된다고 한다. 기억이 강할수록 더 오랜 시간 후에도 정보를 다시 떠올릴 수 있으며, 학습에서는 적어도 연속해서 3~4회 반복하지 않으면 까먹는다고 한다. 이건 사람이라면 누구나 똑같다. 하루에 단어를 200개씩 외우는 아이들이 막상 독해 실력은 늘지 않는 경우가 있다. 그건 '나는 200개나 외웠다'는 자기만족에 불과할 뿐 의미가 없다. 단어를 외우는 건 해석을 잘 하기 위해서다. 그런데도 머릿속에 남는 게 없다면 그건 누적학습을 안 했기 때문이다. 새로운 걸 매일매일 외우는 것으로는 기억에 남지 않는다.

교육 현장에서 누적 테스트를 제대로 시키지 못해서 학습 결과가 안 나오는 것은 교육자로서 견딜 수 없었다. 추가 학습 시간에 아이들은 개인별로 각자 다른 단어를 암기하고 리스닝, 독해 문장 등을 훈련한다. 교육의 방향성은 맞으나 몇 번 만에 통과할지도 모르는 시험지를 개별로 준비해서 다 맞을 때까지 반복한다는 건 불가능한 일이었다. 게다가 3, 4일치를 누적해서 학습을 시켜야 하는데 이걸 개별 맞춤으로 준비한다는 것이 말이 안 됐다.

누적 테스트를 통과한다고 해도 응용 단계까지 시험을 봐야 진정한 완전학습이 되는데, 이게 가능한 일일까? 인간이 아날로그 방식으로 할 수 있는 일이 아니라고 결론을 내릴 수밖에 없었다.

개별 맞춤 학습은 정녕 안 되는 걸까

수작업으로 하는 완전학습을 실시할 때는 특이 사항을 만들지 않으려고 노력하게 된다. 개별 특이 사항을 다 반영하다가는 실수가 늘어나기 때문에 개별 맞춤에 따른 대참사가 일어나기 때문이다. 가급적이면 반 구성도 레벨을 비슷하게 해서 같은 진도를 나가는 방향을 선호하게 된다. 또 사람이 하는 일이다 보니 이상적으로 생각하는 완전학습 형태가 있는데도 학습 조절이 원활히 안 되니까 힘든 상황을 감안해서 특이 사항을 반영하지 않고 그냥 세팅된 대로 하기도 했다.

예를 들어 작문의 경우, to부정사 이론을 배웠다면 오늘 배운 to부정사 구를 이용한 영작까지 할 줄 알아야 한다. 객관식으로 답을 맞추는 것만으로는 고등학교 올라가면 아무 소용이 없기 때문에 서술형 문제까지 연결할 수 있어야 한다. 기본적으로 문장을 우선 암기한 후에는 단어를 바꿔서 응용하는 문제까지 해야 학습이 끝나는 것이다. 그런데 보통은 이런 영작까지 수업에서 이어지지가 않는다.

문법을 배웠다면 독해, 작문까지 이어져야 진짜 문법을 배운 것이다. 유기적으로 다른 영역으로 연결해서 독해, 작문 문제까지 출제하는 것이 내가 생각하는 이상적인 완전학습 형태였다. 그런데 시험지를 준비했다 하더라도 아이마다 상태에 따라 조정해주는 건 할 수 없었다. 만약 하루에 다섯 문장을 외웠던 아이라면 그대로 쭉 다섯 문장으로 가야 한다. 작문까지 특이 사항을 만들어버리면 실행을 할 수가 없었다.

프로그램은 '될 때까지 정확하게' 할 수 있다

내가 원하는 완전학습을 진행하려면, 문제 출제에서부터 걸림돌이 발생했다. 예를 들어 문법 영역은 강의를 듣고 기본 개념을 이해했는지 체크하기 위해 종이 시험지로 빈칸 채우기 시험을 봤다. 그날 배운 문법과 관련된 작문 테스트를 할 때도 일일이 직접 준비한 시험지에다 영작을 했다.

　만약 열 문제를 시험 봐서 모두 맞았다면 깔끔하지만, 대부분은 그렇지 않다. 다섯 문제가 틀렸다면 그 틀린 문제를 복습한 뒤 같은 패턴의 문제를 다시 시험을 봐야 한다. 재시험에서 두 문제가 또 틀렸다면 그 문제들은 다시 반복해서 복습한 뒤 같은 패턴의 문제를 또 시험을 봐야 한다. 그렇게 100% 맞을 때까지 반복해야 완전학습이 된다. 이걸 한 아이가 아닌 반 하나에 속해 있는 5~7명의 아이들을 각각 봐주어야 하고, 각 레벨에 맞게 시험지를 따로 준비해야 했다. 그리고 무슨 문제를 틀리더라도 거기에 맞는 재시험지를 준비해놓고 있어야 했다.

　이래서는 아이들이 시간을 효율적으로 쓸 수 없었고, 당연히 선생님은 채점을 하느라 정신이 없었다. 한 아이의 채점을 해주거나 틀린 문제를 봐주고 있으면 나머지는 당장 할 일이 없으니까 떠들거나 장난치고 있었고, 어수선한 분위기에 난장판이 되는 경우가 많았다. 초등부는 아이들끼리 다툼이 생기면 그것도 중재해줘야 했다. 아이들에 비해 선생님만 정신없이 바쁜 모습인 것이다.

　이런 수업 과정을 들여다보니 사람이 아닌 프로그램이 하면 훨씬 더 빠르고 정확하게 진행할 수 있다는 생각이 들었다. 선생님을 정신없게 만드는 채점 같은 건 사실 기계가 훨씬 빠르고 정확하게 할 수 있다. 본 수업 진도에 맞춰서 훈련 영역에서 사람을 대신해 '될 때까지' 테스트를 진행해줄 프로그램을 찾으면 되겠다고 생각했다. 한 마디로 추가 학습에서 복습을 대신해줄 프로그램인 것이다. 이렇듯 프로그램의 도움을 받으면 개인에 맞춘 완전학습을 실현할 수 있을 것이라 결론이 났다.

복습만이라도 프로그램이 할 수 없을까

나는 정말로 아주 많은 프로그램들을 알아보고 검토했다. 우리나라에 있는 거의 모든 온라인 학습 프로그램을 다 알아봤다고 할 정도였다. 개별 학습에 관해 내가 경험한 모든 문제를 해결할 수는 없더라도 적어도 세 가지는 갖추고 있어야 한다고 생각했다. 디테일한 기능까지는 아니더라도 복습을 자동화시킬 수 있는 시스템 구축은 가능해야 했다.

첫째, 본 수업에서 배운 것을 추가 학습 시간에 복습하는 것이기 때문에 6개 영역이 본 수업에 유기적으로 연결되어 있어야 했다. 개별 맞춤 훈련을 위해서는 오프라인에서 이뤄지는 본 수업의 진도가 테스트로 연결되어야 했다. 프로그램들을 찾아보니 문법이나 독해 강의 같은 콘텐츠는 회사마다 엄청나게 많이 쌓여 있고 문제은행도 구비되어 있었다. 그런데 문제는 강의와 테스트가 매칭되지 않아서 써먹을 수 없었다. 콘텐츠를 쌓아놓는 것까지만 개발되어 있었기 때문에 어떤 프로그램을 써도 개별 맞춤 훈련을 구현할 수는 없었다.

둘째, 개인 맞춤 훈련으로 복습을 하는 것이기 때문에 개인별 특이 사항을 반영할 수 있는 학습 조절이 가능해야 했다. 교육 현장에서 보면 어떤 아이는 리스닝을 잘하고 어떤 아이는 문법을 너무 어려워하고 어떤 아이는 단어 외우는 게 힘들다는 개인별 특이 사항들이 있다. 주어진 시간 안에 효율적으로 학습 효과를 높이려면 잘하는 건 학습량을 줄이고, 못하는 건 학습량을 늘릴 수 있어야 한다.

영어 학습을 하다 보면 각 개인에 맞추기 위해 생각보다 많은 경우의 수를 적용해야 했다. A학생은 "단어 20개만 외우게 해주고, 80점만 맞으면 통과시켜 주세요", B학생은 "100점 아니면 안 됩니다. 무조건 재시험입니다", C학생은 "딕테이션할 때 밑에 해석도 할 수 있게 포함해주세요", D학생은 "문법 이론 시험은 빈칸 3개까지만 하고 통과시켜 주세요" 등 세밀한 것들이 아주 많이 발생했다. 학습 특이 사항에 대해서 더 많은 변동 사항을 반영할 수 있어야 했다.

예를 들어 리스닝을 한다면 기본적으로 세팅해놓은 매뉴얼이 있지만, 아이들마다 특이점이 있어서 변동 사항이 발생할 수 있다. 문제를 풀 때 제한시간도 아이들 레벨별로 다르게 해줘야 한다. 문제를 듣고 답을 유추하는 데까지 걸리는 시간이 처음 시작하는 아이라면 오래 걸린다. 생각할 시간이 필요해서 바로 문제를 못 푸는 아이에게 처음부터 좌절감을 주면 안 되기 때문에 시간을 조정해 줄 수 있어야 한다.

오늘은 몇 문제를 연습하고 갈지도 아이마다 다르다. 테스트해서 틀린 문제를 모두 훈련하면 좋겠지만 시간은 한정적이기 때문에 다 할 수가 없다. 만약 열 문제 중 일곱 문제를 틀린 아이에게 일곱 문제 다 훈련시키려고 시도하다가는 아이도 지치고 선생님도 지칠 것이다. 아이가 질려버려서 영포자가 될 수도 있다. 이런 조절을 원활하게 할 수 있는 프로그램은 아예 전무했다. 교육 현장과 기존의 프로그램은 너무 맞지 않았다.

셋째, 아이들이 학습하고 훈련했던 내용을 누적해서 테스트할 수 있는 프로그램이어야 했다. 본 수업과의 연결, 개인별 설정도 중요하지만 누적 테스트만큼은 절대 양보할 수 없는 기능이었다. 그런데 단어조차 누적학습이 되는 프로그램은 없었다. 문법, 독해, 작문에서 단어를 바꿔서 응용 단계까지 테스트할 수 있는 프로그램은 있을 리가 없었다. 온라인 학습 프로그램을 찾아봤을 때 리스닝 하나만 해도 자동화 학습이 가능한 프로그램을 찾을 수가 없었다. 있다고 해도 딕테이션이 있을 뿐이거나 문제은행에 리스닝 문제가 섞여 있는 정도였다. 내가 이상적으로 생각하는 디테일함을 담은 학습 프로그램은 없었다.

학생들이 온라인 강의를 듣다가 배속으로 대충 듣거나 특정 구간을 스킵해서 패스해버리는 문제도 당연히 해결할 수 없었다. 나와 비슷한 고민을 가지고 학습 프로그램을 개발하려 했던 사람이 없었던 걸까? 이래서 무슨 학습 효과를 볼 수 있을지 일단 의문부터 들었다.

학생 수는 170명인데 원장 수익이 250만 원

• • •

학원 재오픈 후 잘 가르친다는 입소문이 계속되자 학생 수는 170명까지 늘어났다. 그만큼 인건비도 많이 들어갔는데, 아이들의 개별 맞춤 학습은 물론 선생님들 관리까지 해야 했다. 지식 전달을 위해 개념 강의를 하고 수업에서 피드백하면서 교정 지도를 하는 전문 강사는 물론이고, 그 외에도 훈련에 집중하는 영역을 맡아주는 조교 선생님, 출석관리와 학부모 상담을 해줄 데스크 직원 등 필요한 인력은 점점 늘어났다.

내가 원하던 이상적인 영어 학습이 구현되고는 있었지만 완벽하진 않았고 어려움이 있었다. 아이들에게 진짜 학습적 효과가 있으려면 관리가 돼야 했는데, 이 관리라는 게 추상적인 감에 의존한 것이라서 누가 관리하느냐에 따라 결과가 너무 달랐다. 그 관리를 최대한 정형화시키려고 노력했지만, 수작업으로 하다 보니까 행정적인 업무가 또 늘어났다. 관리 인력까지 계속 투입돼야 했고 그에 따라 인건비도 점점 불어났다.

당시에 우리 학원은 강사 급여가 높았고 복지도 잘 챙겨줬다고 생각한다. 강사들이 맡고 있는 학생은 20명 안팎이었지만 급여는 업계에서 평균보다 높은 수준이었다. 복습을 완벽하게 시켜야 했기 때문에 테스트와 채점을 해주고 숙제 검사를 하는 파트타임 보조교사도 중요했다. 대우를 잘 해주면 나가지 않고 더 열심히 일할 것이라 생각했고, 그러면 학생들의 성적 향상으로 이어질 것이라 생각했다. 내가 강사 시절에 가졌던 급여에 대한 불만을 떠올리면서 '다른 학원보다 더 줘야 하지 않을까'라고 생각한 것도 있다. '이건 투자다. 그러니까 당장 내가 못 벌어도 되돌아올 것이다'란 막연한 믿음도 있었다.

하지만 사람들은 나에게 "무분별한 투자가 과한 지출로 이어지고 있다"라고 했다. 어느 달에는 정산을 하는데 강사의 기본급과 인센티브를 떼고 알바생들의 인건비와 기타 경비를 떼고 나니 내가 가져갈 수 있는 순익은 250만 원 정도였다. 강사의 월급보다 적은 돈이었다. 정신이 번쩍 들었다. 인건비 때문에 수익을 올리지 못하고 마이너스를 왔다 갔다 하다가 학원 문을 닫을 수 있는 상황이었다.

직업의식이 있는 강사를 찾기 힘들다

내가 그리는 학원의 모습은 누가 가르치든 똑같은 학습 결과를 내는 것이었다. 그런데 텐션이 좋은 선생님이 있는 동안 성적이 올랐던 아이들이 선생님이 바뀌고 학습에 지장을 받으면 학습 공백이 생기기도 했다. 그럴 때마다 학원장이 일일이 다 채워줄 수는 없으니 그런 사태가 생기면 아이들이 너무 불쌍했다. 아이들에게 좋은 교육을 제공할 수 있다면 사실 수익문제는 당장 급하지 않은 2차적인 문제였다.

어느 학원이든 강사 중에는 강의력이 좋은 사람과 덜한 사람이 있을 수밖에 없다. 어떤 때는 내가 봐도 저 선생님은 막상 맡겨보니 별로구나 싶으면 솔직히 그 반 아이들에게 너무 미안했다. 게다가 추가 학습을 담당하는 선생님은 정식 강사가 아니다 보니까 투철한 직업의식이나 아이들에 대한 책임감을 기대하기가 힘들었다. 말도 없이 무단결근을 하거나 한 달 만에 갑자기 일을 그만두겠다고 통보하는 경우도 비일비재했다. 반면에 완전학습을 실현하려면 정신없이 바쁘다 보니까 선생님들이 불만을 품는 경우가 있었다. 심지어 이것이 분쟁으로 이어지기도 했다.

무엇보다 선생님마다 학습 결과가 달라지는 것은 간과할 수 없는 문제였다. 적당히 넘어가고 끝내는 선생님의 관리 하에서 완전학습을 기대하기는 힘들었다. 아이들이 하기 싫어하면 동기부여를 해가면서 이끌어야 하는데, "힘들어? 그럼 이 정도만 해" 하고 마는 사람이 있었다. 그런데 현장에서 실제 그런 일이 벌어져도 원장인 내가 알 수 없었다. 일을 하다 보면 누구나 사람 때문에 힘들 때가 있는데, 아이들의 성적이 잘 안 나오면 나는 미안하고 죄책감이 들었다.

아이들 인생에서 공부나 시험 결과라는 건 참으로 중요한 부분을 차지한다. 이것에 따라 아이들 인생이 어떻게 달라질지 모르기 때문이다. 그렇기에 학원장인 나는 아이들 인생에 개입된 존재였다. 이런 상황에서 강사의 마인드가 제대로 갖춰지지 않은 걸 보면 내 마음이 너무 힘들었다. 물론 잘 해주는 강사들도 있지만, 강사들 중에는 학원은 언제든지 그만둘 수 있고 아무데나 들어갈 수 있다고 생각하는 사람들이 꽤 있었다. 물론 새로 들어갈 수 있는 학원은 워낙에 많고 수요가 넘치는 나머지, 자기 일에 대한 프라이드와 책임감이 전혀 느껴지지 않는 사람들이 있어 문제가 자주 발생했다.

그런 와중에 학생 수가 많은데도 인건비 때문에 내가 월급도 제대로 못 가져갈 상황이 발생하자 주변에서는 이건 안 된다며 훈수를 두는 사람이 생겨났다. 물론 내가 완벽한 완전학습을 포기하고 대충 시늉만 내면서 순익을 늘릴 수도 있을 것이다. 그렇지만 교육자로서의 양심상 그럴 수는 없었다.

개별 수업을 하는데 100~170명의 학생들이 관리되고 있다는 건 사실 기적에 가까운 시스템이다. 지금도 그룹식 집단 수업을 하는 학원은 많이 있다. 아이들의 개인적인 학습 성향과 레벨은 모두 배제해버리고 못 따라가는 아이가 있어도 학습 진도는 정해진 대로 나가는 구조다. 그런 식으로 하면 인건비는 대폭 줄일 수 있다. 그렇지만 잘하는 소수의 아이들 외에 대부분의 아이들은 학습 효과를 보장받을 수가 없다. 수익이 안 난다고 해서 집단 수업으로 돌아간다는 건 나에게 절대 용납할 수 없는 일이었다.

공교육 현장에 있는 선생님들도 이런 목마름을 가지고 계실 것이라 생각한다. 시간과 여건상 아이들의 학습 상태를 세밀히 확인하고 피드백할 시간이 없어서 학업에 관한 부분은 학원으로 책임이 넘어간 것이 지금의 교육 현장이지 않을까 생각한다. 문제는 학원 역시 크게 사정이 다르지 않다는 것이다.

선생님이 직접 채점한다고 휴먼 터치일까

나는 '될 때까지 시키는 학습'을 인간이 할 수 있는 일이 절대 아니라는 결론을 내리고, 도움을 줄 학습 프로그램을 찾아보기 시작했다. 그러나 영어의 6개 영역에서 모두 도와줄 수 있는 완전학습 프로그램은 찾지 못했다.

결국 나는 학습 프로그램 개발에 직접 뛰어들기로 했다. 목마른 사람이 우물을 판다고 했다. '될 때까지'라는 모토를 버리고 아이들에게 집에 가서 알아서 공부하라고 할 수는 없었다. 추가 학습 시간에 누적 테스트로 복습하면서 훈련하는 부분이라도 자동화할 수 있다면 '될 때까지'라는 모토를 지킬 수 있다고 생각했다. 강의력만 좋다고 완전학습이 실현되는 것은 아니다. 복습으로 아이들 머릿속에 넣는 것이 제대로 돼야 다음 수업도 원활히 진행될 것이다.

우선 본 수업과 연결된 문제들이 개인별 설정에 따라 자유자재로 도출될 수 있어야 했고, 자동 채점이 돼야 했다. 이 부분에서 오해하는 학부모도 있을 수 있다. '온라인 학습은 선생님이 편해지려고 시키는 거 아냐?' 생각할 수 있다. 그래서 학원장들 중에는 그런 생각을 염려해 굳이 직접 수작업으로 문제지를 만들고 선생님이 직접 채점을 해야 한다고 생각하는 경우도 있다. 비대면 시대일수록 휴먼 터치가 필요하다면서.

그런데 단순 반복 업무는 사람보다 기계가 훨씬 더 잘하는 일이다. 개별 맞춤 테스트를 반복해서 제시해주는 건 사람이 프로그램보다 더 잘할 수가 없다. 기계가 사람보다 잘할 수밖에 없는 영역을 프로그램화함으로써 학습 효과를 높이자는 것이 내가 프로그램 개발에 뛰어든 이유다. 문제를 내고 채점을 하는 건 굳이 사람이 하지 않아도 된다. 파트타임 보조교사를 채용해서 맡기는 것보다는 프로그램으로 자동화하면 아이는 더 효과적으로 학습할 수 있고 선생님은 코칭에 보다 더 집중할 수 있다. 가르치는 사람의 편의에 따라 일괄 진도, 일괄 시험으로 대체할 필요는 더더욱 없다.

선생님이 채점하는 동안 아이들은 딴짓하고 떠들고 있을 수밖에 없는데 그것이 휴먼 터치일까? 문제지를 준비하는 것이 어려워 누적 테스트를 볼 수 없는데 그것이 휴먼 터치일까? 문제지 준비와 채점을 수작업으로 하기 때문에 생기는 제약으로 인해 레벨을 조정하지 못한 아이가 힘들어서 울고 있는데 그게 휴먼 터치일까? 기계가 더 잘할 수 있는 부분들을 자동화하고 나면 오히려 아이들은 선생님에게 더 많은 케어를 받을 수 있게 될 것이다.

학습 프로그램 개발에 직접 뛰어들다

· · ·

영어는 훈련이 더 중요한 과목인데 학부모들은 왜 아이들을 학원에 보낼까? 그 이유를 한 가지만 말하자면 바로 '휴먼 터치'를 원하기 때문이다. 과연 휴먼 터치란 무엇일까? 관리를 받는 것이다. 훈련을 위해서라면 자기 주도 학습이 가능한 학습 기기를 쓰거나 동영상 강의를 들으면 되는데 굳이 오프라인 학원에 보내는 것은 선생님의 관리, 선생님과의 소통을 원하기 때문이다. 코로나19로 인해 공교육 현장에서 온라인 비대면 교육이 실시되자 휴먼 터치에 대한 논의가 활발해졌다.

그런데 선생님이 아이들을 줄 세워놓고 문제지 채점하느라 바쁘다면 과연 휴먼 터치가 가능할까? 전문 영역도 아닌 누구나 할 수 있는 일로 선생님이 바쁘다면 그건 정말 곤란한 일이다. 그 사이에 아이들은 엎드려 자거나 떠들면서 놀거나 집중을 못 해 관리가 안 되는 상황이 반복되다 보면 휴먼 터치는 멀어져간다.

선생님이 채점할 필요가 없다면 그 시간에 아이들을 케어할 수 있다. 자고 있는 아이는 없는지 살펴보거나 어려워하는 아이, 자세가 안 좋은 아이가 있으면 도와주고 바로잡아 줄 수 있다. 동기부여를 해주고 아이들이 견딜 수 있게 미세하게 레벨 조정을 해주는 것이 선생님의 진정한 휴먼 터치가 될 것이다.

내가 영어 학습 프로그램 개발에 직접 뛰어든 것은 학원장으로서 아이들을 더 신경써줘야 하는데 실제로는 다른 잡일에 바쁜 상황을 타개하기 위한 것이었다. 일례로 채점을 하는 보조교사를 파트타임으로 뽑았어도 그게 뭐라고 자꾸 채점을 잘못하고 있었다.

이 대목에서 자동 채점이 되는 문제은행들이 많은데 무슨 걱정이냐 생각하는 분도 있겠지만, 복습할 때는 오늘 배운 내용이 문제로 나와야 의미가 있는 것이다. 기존의 문제은행은 오늘 배운 수업과 연계할 수가 없어서 의미가 없었다. 배운 것 따로 시험 문제 따로일 수는 없으니까 어차피 매번 문제지 준비는 선생님이 해야 한다는 이야기다. 아이들에게 집중하기 위해서 어떻게 선생님들의 잡일을 줄여줄 수 있을까? 그 고민의 결론이 바로 직접 프로그램을 개발하는 것이었다.

기계가 인간보다 잘할 수 있는 일이 있다

학습 프로그램을 짤 때 전문 인력이 하는 일과 비전문 인력이 하는 일을 구분하는 것은 중요했다. 비전문 인력이 하는 일은 티칭이 필요 없는 일들이다. 시험지 정리, 평가 기록, 미완료 기록, 채점, 아이들이 어디가 틀렸는지 기록하는 것 등은 단순 업무들이니까 정확하기만 하면 된다. 학원에서 인력 배분은 이미 전문 인력과 비전문 인력으로 구분해서 관리하고 있었다. 비전문 인력이 하는 일을 프로그램으로 개발해서 적용하면 되는 것이었다.

학원의 선생님도 두 부류로 나눌 수 있다. 하나는 세밀한 부분까지 케어가 가능한 수업을 할 선생님이다. 아이가 뭘 모르는지 캐치할 수 있고 전문적인 영어 교육을 할 역량을 갖춘 선생님이다. 또 하나는 관리를 잘하는 선생님이다. 영어적인 스킬이 많이 요구되는 것은 아니지만 세심하게 아이들을 관리해줄 수 있는 사람이다. 물론 기본적인 영어의 스킬은 있어야 하지만 깊숙한 부분까지 다뤄줄 수준은 아니어도 된다. 아이들의 마음을 잘 잡아주고 케어해줄 수 있는 능력이 더 중요하다.

아이들에게 제대로 된 학습 효과를 주기 위한 노력으로 나는 개별 맞춤 교육의 문제도 해결하고 싶었다. 아이에 따라 개별 진도, 개별 교재, 개별 수업까지 붙어줘야 진짜 개별 맞춤이라고 할 수 있다. 그런데 이것이야말로 진짜 사람이 할 수 있는 일이 아니었다. 신입생이 와서 레벨 테스트를 봤는데 해당 수업이 이미 인원이 차 있다거나, 개설되지 않은 레벨의 학생이 신입생으로 들어왔다면 그 학생은 언제 시작될지도 모르는 개강일을 기다리거나 맞지 않는 수업을 들어야 했다. 그 신입생을 받으려면 새로운 반을 개설하고 강사를 추가로 고용해야 했다. 그것은 인건비 증가와 학원 수익 악화의 직접적인 원인이 됐다.

완전학습을 디테일하게 실현하려고 하면 할수록 학원 경영 자체를 포기해야 하는 현실 앞에서 나는 스트레스를 받을 수밖에 없었다. 그것이 바로 일개 공부방 원장이 돈도 제대로 벌지 못하면서 프로그램 개발을 생각한 이유다.

개인별로 테스트를 할 수 있는 문제들이 탑재되어 있고, 본 수업과 연결된 문제지가 도출되며 누적학습이 가능해야 했다. 힘들어하는 아이가 있거나 학습량을 늘려야 할 아이가 있을 때 개인별로 조정도 가능해야 했다. 그리고 기본 문제에 대한 테스트가 끝나면 응용 단계까지 문제지를 도출할 수 있는 프로그램이어야 했다. 그거야말로 인간보다 기계가 잘할 수 있는 일이 아닌가.

내면에서 들리는 소리, "이게 맞잖아"

내가 온라인 학습 프로그램 개발에 착수한 때가 2014년 11월이었는데, 2015년 봄날에 공부방에서 학원으로 재오픈을 하기 전부터 시작된 일이었다. 학원을 오픈할 무렵 나는 임신 중이었다. 보통 임신부라면 조심하고 새로운 걸 시도하지 않는다. 그렇지만 아기를 낳자마자 조리원에서도 일해야 했다.

출산 후 조리원에서도 내가 일만 할 수밖에 없었던 건 개발한 프로그램의 시험 버전이 문제가 많았기 때문이다. 버그가 많은지 다음 페이지로 넘어가질 않아서, 계속 개선하고 다시 설계하느라 쉴 수가 없었다. '조리원 동기'라는 말이 있는데, 나는 조리원에서 진행되는 다양한 클래스에 참여한 적이 없어서 알게 된 사람도 없다. 지금 생각해보면 되게 미련스러웠다.

프로그램이 만들어지기까지의 과정은 누구도 가지 않은 길이었기 때문에 나조차도 성공을 장담할 수 없었다. 확신 없이 투자가 계속 이뤄져야 했기 때문에 비용적인 면에서도 항상 마음속에 갈등이 있었다. 우리 집이 재벌도 아닌데 그만한 투자금을 마련하기도 쉽지 않은 데다가, 나의 잘못된 선택으로 지금까지 쌓아온 모든 걸 잃어버릴 수도 있었다. 나는 원장으로서 학원의 아이들도 책임져야 했지만, 개인적으로는 한 가정의 엄마이자 아내인데 가족을 희생시킬 순 없었다. 절벽에 손가락 하나로 매달려 있는 기분이었다.

주변의 시선은 언제나 "그건 안 돼. 그게 되겠어?" 하는 부정의 의견이었다. 모두가 아니라고 했다. "그 길은 낭떠러지야. 그 길로 가면 넌 죽어. 학원이 잘 되고 있잖아. 쉬운 길이 있는데 왜 자꾸 새로운 길을 만들어서 앞으로 가는 거야?"라며 쓸데없는 짓을 하고 있다는 시선으로 나를 바라보았다.

지금은 나의 말에 공감해주는 사람이 많아졌지만 그때는 항상 불확실성과의 싸움이었다. "기계로 대체해서 효율성을 높일 수 있다고? 어떻게 사람 손을 타지 않고 학습 효율을 높일 수 있다는 거야?"라는 소리를 들었기 때문에 현실적인 상황에 맞닥뜨리면 마음이 흔들렸다. 인력 스트레스가 너무 심해서 '내 가족도 살피지 못하는데 감당하기 힘든 학원은 폐원해야 하나?'라는 생각까지 미쳤다.

어느 날 포기하고 싶은 마음으로 멍하니 앉아 있는데 내 안에서 어떤 소리가 들려왔다. 내 안에서 본질을 꿰뚫어보는 어떤 아이가 말했다. '끝까지 가는 게 맞잖아. 너도 알고 있어. 알지만 회피하고 싶고 외면하고 싶은 것뿐이야.' 또 한편에서는 그런 내면의 소리까지도 못 들은 척해야 한다는 마음이 일어나 난리가 났다. 그런데 나는 그 내면의 소리를 도저히 피할 수 없었다.

중하위권이라도 반드시 성적이 오르는 시스템

학원에 다니는 많은 아이들 중에 어떤 아이들은 선생님의 강의력과 상관없이 알아서 잘 한다. 또 어떤 아이들은 좀처럼 강의를 따라오지 못한다. 아이마다 학습을 받아들이는 능력이 다르기 때문이다. 보통의 학원에서는 "이 아이는 자기가 안 하는 거잖아. 가르쳐도 잘 안 돼. 60점 맞던 애가 70점 맞은 것도 잘한 거야" 하고 넘어간다. 그런데 나는 포기가 되지 않았다.

'요것만 채워주면 이 아이는 정말 달라질 수 있지 않을까' 생각하면 어쩔 수 없는 일이 아니었다. 이 아이가 인생의 일부분을 나한테 와서 맡긴 것이라 생각하면 간과할 수가 없었다. 이 아이의 부모님은 얼마나 고민했을 것이며 이 아이는 얼마나 학습에 대한 어려움을 느끼고 있을까. 그런 생각을 하면 그저 수많은 학원 원장 중 한 사람으로서 나에게 온 것이 아니었다. 공부를 못하고 싶어서 못하는 아이는 없을 것이다. 그건 자존감과 연결되는 부분이다. 왜 학습이 어려운지 실마리를 찾아서 채워주면 이 아이는 완전히 다른 아이로 변할 수도 있다.

그렇게 온라인 자동화 학습 프로그램의 개발이 모두 끝난 뒤 우리 학원 아이들에게 적용을 해봤다. 그 결과 6개월 후 아이들의 내신 성적은 평균 90점이 넘게 나왔다. 학습 효과는 "기계적으로 잘 나온다"라고 말해도 좋을 만큼 좋았다. 정확하게는 모든 아이가 성과를 냈다. 게다가 선생님들은 더 많은 아이들을 담당하면서도 정신을 쏙 빼놓던 스트레스가 사라졌다. 그전에는 강사 한 사람이 학생들 20~30명가량 맡아서 수업을 하고 케어했지만, 프로그램을 적용한 뒤로는 강사 혼자 60~100명을 커버할 수 있었다. 학원을 운영하든 공부방을 하든 가르치는 업을 가진 사람이라면 모두 불가능하다고 말했던 것이 이루어진 것이다.

아이들은 학원에 오면 예습한 것에 대한 테스트를 한 뒤 문법, 스피킹 수업을 듣고 선생님에게 독해, 작문, 문법 오답 문제, 스피킹에 대한 피드백을 받았다. 수업은 선생님의 일방적인 강의가 아니라 학생들이 틀린 문제를 직접 설명하는 하브루타(havruta) 방식으로 했다. 마지막 복습 단계에는 단어와 리스닝 훈련뿐만 아니라 수업 시간에 진행한 모든 영역을 온라인 프로그램으로 테스트하기 때문에 선생님은 아이가 제시간에 못 끝냈을 때만 케어에 들어가면 됐다. 독해 문장은 해석은 물론, 한글 해석을 보고 영어로 쓰고 말할 수 있을 때까지 학습한다. 어떤 선생님이 맡든 아이들은 완전학습에 이를 수 있게 되었다.

BIG
CHANGE

2장

한 아이라도
절대 포기할 수 없다

그날 배운 건 그날 완벽하게

• • •

온라인 학습 프로그램이 완성된 후, 내가 운영하던 학원인 인천의 클라이영어에서 학생들에게 적용해봤다. 그 결과는 놀라웠다. 어쩌다 실수로 한두 문제를 틀렸을 뿐, 거의 전 학생이 100점에 가까운 성적을 거둔 것이다. 나중에는 '클라이영어'라는 이름으로 가맹사업을 하는 것으로 발전했는데, 이 프로그램을 써본 다른 학원 학생들도 극적으로 성적이 향상되었다.

지금의 학습 자동화 프로그램은 처음부터 '짠!' 하고 개발된 건 아니다. 2016년에 1차로 개발이 완료됐을 때는 리스닝, 단어, 문법, 작문까지만 개발되었다. 독해와 스피킹은 아직 개발이 안 된 상태였다. 그때의 목표는 추가 학습(복습) 내용의 자동화였다. 추가 학습 시간에 학원이 북적이면서 정신없어지는 이유가 몇 가지 있었는데, 프로그램이 도입된 후로는 아이들이 많이 몰려도 더 이상 복잡한 상황이 벌어지지 않았다.

추가 학습에는 유난히 아이들이 몰리는 시간대가 있었다. 오후

8~10시에 본 수업을 받는 아이들은 수업이 끝나고 복습에 들어가면 귀가 시간이 너무 늦기 때문에 6시에 와서 추가 학습을 먼저 하고 본 수업을 들었다. 그런 이유로 특히 6~8시에는 어수선한 상황이 되기 일쑤였다.

프로그램을 도입하자 문제 출제와 채점이 자동화되면서 아이들이 몰리는 시간대에도 선생님은 아이들을 세밀히 케어할 수 있게 됐다. 본 수업과 연계해 누적해서 재시험을 볼 수 있기 때문에 아이들의 학습 효과 또한 더 높아졌다. 재시험 봤던 것들은 몇 개나 틀렸는지, 몇 회 만에 통과했는지 기록이 자동으로 되었기 때문에, 언제든지 아이들의 학습 상태를 원장인 내가 점검하고 문제가 해결되고 있는지 확인할 수 있게 되었다. 암기할 단어 개수를 조정한다든지 훈련할 리스닝 문제의 개수를 조정하는 등의 개인별 변동 사항도 언제든 바로 반영할 수 있게 되었다.

채점, 평가 기록, 무한 재시험의 자동화

아이들은 리스닝 과정에서 총 7단계로 듣기 훈련을 한다. 리스닝 문제를 풀고 채점을 하고 나면 딕테이션을 한다. 그리고 듣고 해석하기(직청직해)를 하는데, 듣고 바로 무슨 말인지 알아야 한다(여기까지가 4단계다). 다음 5단계에서는 영어 단어들이 랜덤으로 배열되어 있는데 이를 영어 어순에 맞게 배열하도록 한다. 작문 학습까지 연계하는 것이다. 마지막으로 3회 다시 듣기와 문제 다시 풀어보기로 마무리한다. 모든 단계는 틀리면 재시험을 볼 수 있고 그 재시험 횟수를 개인별로 설정할 수 있다.

딕테이션도 부분 완성과 전체 완성을 선택할 수 있다. 전체 완성은 스펠링을 완벽하게 써야 통과되는 것이고, 부분 완성은 단어 앞글자만 쓰면 자동으로 완성되는 기능이 있는 것이다. 작문을 하는 것이 아니라 리스닝이기 때문에 가능한 기능이다. 유치원생은 한글을 다 쓰지 못해도 듣고 알아들을 수 있는 것처럼, 영어도 스펠링에 너무 집착하면 리스닝 영역에서 앞으로 나아가지 못한다. 오로지 듣는 데 집중하기 위해 필요한 기능이다.

테스트는 자동 채점이 되지만 틀린 문제에 대해서는 답을 바로 알려주는 게 아니라서, 틀린 문제는 다시 풀기가 가능하다. 기존의 온라인 학습 콘텐츠들은 문제은행이 자동 채점을 하고 답과 해설을 바로 띄워주기 때문에 끝까지 매달려 '될 때까지 학습'을 하는 데에는 지장이 있었던 것과 다르다.

모든 훈련 과정은 개인별로 선택해서 설정을 바꿀 수가 있다. 예를 들어 고등학생이라면 굳이 하지 않아도 되는 부분도 있을 것이다. 어순 배열하기 정도는 하지 않고 그냥 넘기고 싶어 할 수 있다. 양으로 승부를 봐야 하는 학생도 있어서 해석만 할 줄 알고 뭔 말인지 알면 넘어가야 하는 경우도 있다. 3회 다시 듣기도 굳이 할 필요 없을 수도 있다. 시간이 촉박한 아이들은 딕테이션만 무제한으로 정답 시까지 반복하고 나머지 과정은 생략할 수도 있다. 원래부터 리스닝을 너무 잘하는 아이들, 영어유치원을 나온 아이들, 유학을 갔다 온 아이들은 굳이 모든 과정을 거칠 필요는 없다.

이런 모든 설정들은 완전학습을 수작업으로 해봤기 때문에 개발할 수 있었던 것들이다. 개발을 결심하기 전에는 이런 것들이 가능한 프로그램을 찾아봤지만, 지금 생각해보면 있을 리가 없었다. '될 때까지 시키는 학습'이란 걸 해보지 않은 사람이라면 이런 디테일들을 생각해낼 수가 없었을 것이다.

단어는 이전에 학습한 단어를 누적해서 테스트하고 새로운 단어를 암기한 뒤 3단계로 총정리에 들어간다. 단어도 역시 개인별로 여러 가지 설정이 가능하다. 60개씩 암기 테스트를 보던 아이가 레벨이 올라가면서 너무 버겁다 싶으면 30개씩 줄이는 식의 설정도 할 수 있다. 합격 기준 점수도 설정할 수 있어서 만점 시까지 재시험을 보도록 할 수도 있고, 90점만 통과하면 완료하는 것으로 할 수도 있다. 누적 테스트 설정도 최근 3회 분량을 보도록 할 수도 있고, 잘 까먹는 아이는 5회 분량을 한 번에 보는 것으로도 할 수 있다.

아이들은 단어 녹음 훈련도 하고 있는데, 단어를 따라 말하도록 해서 발음을 정확히 알고 있는지 체크한다. 이것은 저학년의 경우에는 필수로 해야 하지만, 입시를 준비하는 중고등학생들은 굳이 안 해도 되는 경우도 있다. 그럴 때는 '미진행'으로 설정해서 생략하면 된다.

테스트 준비와 미완료 상황이 일부 해결되다

문법을 복습할 때는 빈칸 채우기를 하는데, 이때 빈칸 개수를 설정할 수 있다. 빈칸이 10개쯤 뚫려 있는데 너무 어려워한다면 30%만 빈칸으로 조정한다거나 해서 맞춰줄 수 있다. 복습은 강의에서 들었던 기본 이론에 더해 응용문제 풀이로 진행하기 때문에 완전학습을 완성할 수 있다. 몇 문항을 출제할지, 틀린 문제에 대해 재시험은 몇 번까지 보게 할지 개인별 설정이 가능해졌다.

문법은 독해나 작문과 연계해서 학습할 수 있는데, 프로그램 개발은 작문이 먼저 완료되었다. 문법에서 to부정사를 배웠으면 작문에서도 to부정사가 나온다. 프로그램으로 영어식 청크(chunk, 의미 있는 말 덩어리) 훈련을 할 수 있게 했다.

예를 들어 'My dream is to be a doctor'를 배웠으면 순서 배열, 영작하기가 완전히 체화된 후 적용하기 문장으로 'His dream is to be a pianist'가 나오는 것이다. 여기까지 알아야 진짜 이 문장을 이해한 것이므로, 응용해서 적용하기는 항상 뒤따라와야 한다. 이때는 단어 암기력의 문제가 아니기 때문에 한글 해석에 커서를 갖다 대면 영어 단어를 볼 수 있도록 했다. 그야말로 작문만 훈련하는 것이다.

문법, 작문도 역시 재시험 횟수를 설정할 수 있다. 급한 아이들은 순서 배열은 건너뛰고 영작하기로 바로 가는 설정도 가능하다. 처음부터 통으로 작문하기 힘든 아이들은 음성으로 한 번 들려준다거나 빈칸의 비율을 정할 수 있다. 너무 어려워하면 50%는 단어가 나오게 할 수도 있다. 학생 개인별로 특이 사항들은 언제든 바로 반영할 수 있다.

이렇게 1차 프로그램 개발로 많은 문제가 해결되었다. 제일 먼저 부정확한 채점과 평가 기록의 어려움이 해결됐고, 목표 점수 달성 시까지 무제한으로 누적 재시험을 보는 것이 가능해졌다. 재시험을 보는 대로 자세한 평가가 기록되기 때문에 회차마다 아이가 뭘 틀렸는지 언제든 확인해볼 수 있다. 그 아이의 문제점을 디테일하고 적나라하게 파악할 수 있어서, 아이에 대한 문제를 더 이상 감에 의존해 관리할 필요가 없게 되었다.

한눈 팔지 않고 문제에 집중하는 아이들

목표 점수 달성 시까지 무제한으로 누적 재시험을 본다고 하면 지루하지 않을까 생각하는 분들도 있다. 그런데 프로그램에 의해 자동으로 계속 테스트를 보는 것이라서, 실제로 해보면 그렇지 않다. 프로그램을 적용하기 전에는 시험지 내고 채점할 동안 아이들이 기다리면서 떠들곤 했지만, 그런 소모적인 시간은 모두 없어졌다. 빨리하고 집에 가려고 아이들은 한눈도 안 판다. 지금은 오히려 아이들도 떠들고 노느라 보내는 시간을 아까워한다. 이걸 하면 바로 집에 갈 수 있다는 게 눈에 다 보이기 때문이다. 한눈팔다가 옆에 있는 친구가 먼저 끝내고 가버리면 열패감이 들어서 오히려 싫어한다.

이로써 추가 학습 시간에 인원 제한이 없이 자유롭게 수업이 가능해졌다. 담당자 역량에 따라 좌우되는 복잡한 영어 훈련을 프로그램이 해결해줌으로써 학생 개인별 성향과 학습 목표에 맞게 기복 없이 복습을 시킬 수 있게 되었다. 오프라인 수업 진도에 맞는 테스트 준비도 상당 부분 해결되었다.

학생 관리야말로 프로그램이 필요하다

• • •

'클라이로보'라고 이름 붙인 1차 프로그램의 개발이 끝났던 시기가 인천의 클라이영어 본원을 확장해 두 개의 관으로 운영할 때였다. 1년 동안 프로그램을 사용해보고 많은 문제가 개선됐지만, 또 다른 문제들이 나타나기 시작했다.

그날 배운 문법은 그날 추가 학습 시간에 문제를 풀어볼 수 있도록 콘텐츠는 마련되어 있었다. 예를 들어 오늘 동명사를 배웠으면, 연계된 문제지가 탑재돼 있어서 동명사 문법 문제와 동명사가 들어간 작문 문제를 도출하는 것이 가능해졌다. 그런데 아이들은 여전히 추가 학습 시간이 되면 "선생님 저 뭐 해야 돼요?" 하고 물었다. 당일에 학습해야 하는 게 무엇인지 선생님이 일일이 지정해줘야 하는 상태였던 것이다. "오늘 수업에서 to부정사 했으니까 to부정사 문제 풀자", "오늘 수업 시간에 동명사 배웠으니까 동명사 문제 풀자"라고 매번 설정해주기에 바빴다.

추가 학습 시간에 모든 아이가 개별 진도로 훈련을 진행하기 때문에 발생하는 문제도 있었다. 그룹 수업을 할 때는 한 반의 아이들이 같은 진도를 나가기 때문에 모두 언제 학습이 완료될지 알게 된다. 한 권의 교재가 끝나는 시기를 가늠할 수 있는 것이다. 그런데 아이마다 진도가 다르니까 교재를 끝내는 날도 달랐고 그 때문에 문제가 생겼다.

만약 단어 공부를 한다고 하면 하루에 암기하는 개수가 다르기 때문에 어떤 아이가 언제 이 교재의 학습이 끝날지 일일이 다 예측할 수가 없다. 어떤 아이는 30개씩 외우고 어떤 아이는 10개씩 외우는 식으로 개별 학습을 하기 때문이다. 이렇게 아이마다 분량이 다른 탓도 있지만, 40개씩 외우던 아이가 중간에 힘들어서 30개씩 외우기로 바꿀 수도 있고 또 그러다가 다시 익숙해져서 개수를 늘릴 수도 있다. 학습 코스가 언제 끝나는지 예측이 힘들어지면서부터 그다음 코스의 시작점을 계산해서 기록해줘야 하는 문제가 생겨났다.

어느 날 추가 학습 시간에 아이들을 살피다가 한 아이가 한 달 동안 단어 암기를 안 하고 있었던 것을 발견했다. "선생님, 저 이 교재 다 끝났어요"라고 아이가 말을 안 했던 모양이다. "선생님한테 말했어야지"라고 말하긴 했지만, 아이는 그 책만 끝내면 그걸로 단어 암기는 끝이라고 생각했을 수도 있다.

100명의 아이가 모두 특이 사항을 가지고 있으니 한 아이가 오늘 교재 한 권이 다 끝났어도 담당 선생님은 인지 못 할 수도 있다. 언제 한 레벨의 수업이 끝날지 일일이 아이마다 종료 시점을 기억

했다가 다음 코스를 넣어줘야 하는 문제가 생긴 것이다. 사람이 일일이 기록했다가 수작업을 해야 하는 일이 여전히 있었다는 뜻이다. 학습적인 걸 해결하고 나니까 관리에 대한 문제가 도출됐다.

개별 진도라서 발생하는 의외의 문제들

개인별로 진도를 기억해야 하는 일은 이외에도 또 있었다. 당일 학습을 완료했는지 파악이 어렵다는 것이었다. 예를 들어 오늘 30명의 아이들이 왔다면 그날 모든 아이들이 학습을 완료했는지, 덜 끝낸 아이들은 없는지 파악할 수가 없었다. 그날 학습을 다 마치지 못한 아이들은 다른 날에 다시 와서 마저 복습을 마쳐야 한다.

예를 들어 화목반 아이가 단어만 외우고 독해 문제를 못 풀어서 수요일에 오기로 했다면, 그걸 기억했다가 아이들이 안 오면 연락을 해야 했다. 이런 미완료 사항을 일일이 기억하기도 힘들었지만, 그 아이들은 추가로 다른 날에 와서 질문을 또 했다. "선생님, 오늘 저 뭐 해야 돼요?"

당일 학습을 다 마치지 못한 아이들 리스트를 따로 검색할 수 있으면 좋겠다는 생각이 간절했다. 추가 학습 시간에 공부하던 아이가 "선생님, 저 갈게요" 말하면 "너 다 했어?" 물어본 뒤 정말 이 아이가 그날 당일 학습을 다 한 게 맞는지 정확하게 체크해줄 프로그램이 없는 상태였다. 이 아이가 학습을 다 했는지, 당일 말고도 그 전날까지 밀린 것들은 없는지 모두 파악할 수 있어야 완전학습

관리가 제대로 될 것이다. 한마디로 이 아이가 '결론적으로 지금 가도 되는가' 하는 문제를 정확히 파악하기가 어려웠다.

학생들이 자신이 해야 할 일을 스스로 체크할 수 있다면 좋겠지만, 실상은 그렇지 않았다. "선생님 저 오늘 뭐 해야 돼요?" 질문이 왔을 때 '오늘 해야 할 일은 이거다', '너는 지금까지 80% 마쳤다', '미완료 학습은 작문이다' 같은 세밀한 사항들을 아이에게 전달해야 했다. 이걸 머릿속에 일일이 기억해서 알려줄 수는 없기 때문에 또 다시 엑셀로 만든 관리 시트를 작성하기 시작했다.

학습에 문제가 있는 아이들을 실시간으로 파악할 수 없다는 점은 내내 마음을 불편하게 했다. 이것은 강사들과 원장 사이의 소통을 가로막는 요인으로 작용하기도 했다. 원장이 아이들에 대해 파악하지 못하면 회의를 할 때 "A학생은 요새 어때요?"라고 강사에게 물어봐야 한다. 그러면 아이에 대해서는 내가 더 잘 아는데 원장이 알지도 못하면서 간섭한다며 강사들에게 불만이 생기는 경우도 있었다.

원장이 아이들의 학습 상태에 대해 바로바로 파악할 수 있다면 이런 문제가 해결될 거라 생각이 들었다. "이 아이들은 학습이 미완료되고 있는데, 진행이 잘 안 되는 이유가 뭐죠?"라고 구체적인 해결 방안을 논의하는 방향으로 끌고 갈 수 있기 때문이다.

학습 문제가 있는 아이들을 어떻게 관리할까

학습 설정을 변경할 때의 문제도 있었다. 아이의 상태에 맞춰 조금이라도 덜 힘들게 완전학습을 하려면 동기부여를 위해 설정을 바꾸기도 한다. 그런데 한 아이에게 문제가 있다고 판단하는 것은 강사의 역량에 달린 것이다. '이 학생은 문제없는데'라고 판단하는 선생님이 있는가 하면, '이 학생은 지금 힘겨워하고 있으니까 양을 좀 줄여줘야 한다'라고 생각하는 선생님이 있다. 어떤 걸 문제로 인식하고 바로잡아줄지, 무슨 기준으로 학습 설정을 바꿔줄지 객관화된 기준이 필요했다. 그리고 그 기준에 못 미치는 아이들은 한눈에 파악할 수 있어야 했다.

이걸 해결하기 위해 엑셀 시트를 만들어서 학습 설정 내용들을 일일이 다 기록하고 학습을 완료했는지 체크하기로 했다. 진도표를 따로 넣어놓고 그것에 맞춰서 진도가 안 따라오면 불이 들어오게 했다. 진도와 매치시키기 위해서였다. 그중에서 기준점에서 벗어난 아이들은 불이 들어오게 해서 그 아이들만 별도로 관리했다. 나름대로 공식을 넣고 엑셀 시트로 자동화시킨 것인데, 지금 살펴봐도 참 복잡했다.

학습 문제가 있는 이 아이들은 특별히 사랑을 줘야 할 아이들이라고 해서 나중에 '사랑리스트'라는 이름으로 부르게 되었다. 관리 시트에는 아이들이 학습에 어려움을 겪는 문제의 종류도 적게 했는데, 주로 졸음, 커닝, 태도, 딴짓, 낙서 등이었다. 이걸 기록하려면 시간대별로 아이들 책상에 가서 한 번이라도 더 살펴봐야 했다.

점수가 80점 이하인 아이들, 시간이 너무 오래 걸리는 아이들, 집중을 못 하는 아이들을 최대한 더 살펴보려고 노력한 것이다.

이렇게 엑셀 파일로 내려받아서 입력만 하면 한 아이에 대한 평가가 나오도록 나름대로 관리했지만, 일일이 복사해서 붙여넣는 것도 너무 힘들고 체크하는 데 많은 에너지가 들어갔다. 매번 아이들을 일일이 살펴보고 "너는 다 했으니까 오늘 가도 돼" 확인해줘야 했다. 기존에 있던 학원 관리 프로그램들을 살펴봤지만, 완료 여부만 알 수 있고 미완료된 내용들을 검색하는 기능은 없었다. 학습 콘텐츠만 갖춰져 있다고 끝이 아니구나 싶었다. 관리 면에서도 자동화가 이루어지도록 다시 한번 프로그램 개발에 전념해보기로 했다. 그렇게 2016년 12월부터 AI 관리 자동화 프로그램의 개발에 착수하게 되었다.

부모 상담이 없어도 퇴원율 0%

• • •

추가로 관리 프로그램을 개발하면서 나는 또 하나의 문제를 생각하고 있었다. 개별 맞춤 교육을 완성할 개별화 수업이 너무나 하고 싶었다. 복습하는 과정만 개별 맞춤으로 하는 것은 내가 생각하는 이상적인 완전학습에는 미치지 못했다. 나는 아이들에게 더 질적인 수업을 해주고 휴먼 컨택으로 다가가고 싶었다. 학기 중간에 들어오거나 학습이 부진한 아이, 결석이 잦은 아이의 경우에는 진도가 맞지 않아도 어쩔 수 없이 다른 아이들과 같은 반에서 진도를 나가야 했다. 학원 입장에서는 최대한 한 반의 정원을 다 채워서 운영해야 비용을 감당할 수 있기 때문이다.

진도가 안 맞는 아이들은 얼핏 봐도 못 따라가는 경우가 많았다. 추가 학습을 이용해 최대한 개별 맞춤으로 이끌어주지만 당장 수업 진도를 따라가기에 한계가 있는 것은 분명했다. 이 아이들을 관리하지 못하면서 무슨 완전학습이냐 싶은 자괴감이 들었다.

게다가 해가 갈수록 강사 선생님을 수급하는 게 점점 어려워진다는 걸 나는 체감하고 있었다. 희한하게도 강의력 좋은 강사를 구하기가 너무 힘들었다. 학원 업계의 전반적인 흐름이 그렇게 흘러가는 것 같았다.

큰 학원들도 매년 강사 수가 적어지고 있었고, 강사들은 학원에 소속되려고 하지 않았다. 따로 공부방을 차린다거나 과외를 하는 식으로 바뀌고 있다는 생각이 들었다. 지금 생각해도 그때의 내 예측은 확실히 맞았다고 생각한다. 앞으로도 점점 좋은 강사를 수급하는 건 어려울 것이라는 점을 깨닫게 되자, 강사의 강의력에 아이들의 학습 효과가 좌우되지 않는 시스템 구축에 대해 필요성을 느꼈다.

메타인지를 높이는 '설명하기'

'메타인지(metacognition)'라는 단어를 들어본 적이 있는가? 메타인지는 1970년대 발달심리학자인 존 플라벨(J. H. Flavell)이 이름붙인 용어다. '자신의 생각에 대해 판단하는 능력'을 말하는 것으로, 주로 교육학에서 등장하는 말이다.

메타인지는 서술지식, 절차지식, 전략지식 등 세 가지 요소로 분류된다. 서술지식은 자신이 학습하는 부분에 대해 얼마만큼의 지식과 능력을 가졌는지 아는 능력이며, 절차지식은 이해 정도를 아는 능력, 전략지식은 지식습득 방법 중 무엇을 선택해야 하는지 아는 능력이다.

'인지'란 어떤 사실을 분명하게 인식해 안다는 뜻인데, 대부분의 아이들은 '들어봤다'는 걸 '안다'고 착각하는 경향이 있다. 아마 이건 어른도 마찬가지일 것이다 확실하게 내가 무엇을 알고 무엇을 모르는지 구분하는 능력이 바로 메타인지다.

뛰어난 메타인지 능력을 가졌다면 적절한 시기에 적절한 도전을 함으로써 학습 속도를 빠르게 가져갈 수 있다. 메타인지 능력이 높다면 자신의 능력과 한계를 정확히 파악해 시간과 노력을 필요한 곳에 적절히 투자하기 때문에 학습 효율성이 높아진다.

이런 메타인지를 높이는 확실한 방법은 '설명하기'다. 직접 설명을 해나가다 보면 자연스럽게 내가 이해하고 있지 못하는 부분을 스스로 확인할 수 있다. 설명하려는 그 대상에 대한 본질적 이해가 있어야 설명이 가능하기 때문이다. 그러기 위해서는 학생들은 반드시 사전에 지식을 습득한 상태에서 본 수업에 들어와야 한다. 내가 뭘 알고 뭘 모르는지 스스로 발표를 해야 하기 때문이다.

결국 예습으로 사전 수업을 동영상으로 듣고 오는 걸 숙제로 내줘야겠다는 결론에 다다랐다. 그러면 기존 강의식 수업이 하지 못하는 개별 맞춤 수업이 가능해지는 것이다.

복습은 물론 본 수업도 개별 맞춤이 가능할까

강의력 좋은 강사를 필요한 만큼 뽑을 수 없다면 방법은 하나다. 강의력 좋은 선생님의 동영상을 보여주는 것이다. 그러면 강의력은 해결될 수 있다. 더군다나 진짜 개별 맞춤 교육이 되려면 모두 자기 진도에 맞춘 강의를 들어야 하기 때문에 동영상 수업은 좋은 방법이었다. 이러면 학생과 강사를 일대일로 붙여주는 것과 똑같은 셈이 된다.

그때까지 본 수업에서 하는 강의는 2시간 동안 진행됐는데, 그 것도 2개 부분으로 나눌 수 있었다. 그룹 강의로 이뤄지는 문법 이론의 지식 전달이 한 부분이었고, 독해와 문법 오답 문제, 작문의 피드백 수업이 또 한 부분이었다. 그중 피드백 수업은 전문 강사가 대면으로 담당해줘야 하지만, 지식 전달 수업은 온라인으로도 가능한 부분이었다. 문법 이론 수업을 예습으로 미리 듣게 한다면 개별 진도 수업도 가능해지는 것이다. 학원에 와서 본 수업 시간에는 강의를 듣는 게 아니라 거꾸로 학생이 알고 있는 내용을 설명하고, 선생님은 학생이 이해하지 못한 것만 콕콕 집어서 일대일 피드백으로 코칭하는 수업을 할 수 있을 것이다. 이 부분이 가능하게 되면 상위 0.1%의 학생들만 가능하다는 메타인지를 높이는 수업 방식을 모든 아이들에게 적용할 수 있을 것이란 생각이 들었다.

클라이영어 자동화 프로그램은 1단계로 추가 학습을 자동화시키는 것에 이어, 선생님의 강의력과 관리력이 달라져도 완전학습이 진행될 수 있도록 2단계 개발에 들어갔다. 한 반에서 서로 다른 개별 진도가 나가도 수업이 가능해지는 것, 그것이 구체화된 목표였다. 이렇게 되면 레벨이 다른 신입생이 들어와도 한 반의 정원을 꽉 채워서 수업을 진행할 수 있게 될 것이었다. 강사 1명당

60~100명의 학생도 담당할 수 있게 된다는 뜻이다. 그리고 학생들을 한눈에 파악할 수 있도록 관리를 자동화시키는 것이 또 다른 목표였다. 관리 기준을 잘 세워주면 감으로 운영을 하거나 선생님 개인의 역량에 의존하지 않아도 될 것이라 생각했다.

인력 문제가 좀처럼 해결되지 않았다

1차 프로그램 개발로 인한 가장 큰 결과는 채점 오류가 없어졌고, 수많은 개별화된 추가 학습을 실현시킬 수 있었다는 것이다. 보조교사 3명이 필요했던 상태였는데 복습이 자동화된 뒤로는 1명이면 충분해졌다. 완전학습을 수작업으로 시키다 보니까 힘들었는지 그전에는 보조교사가 워낙에 오래 근무하지 못했다. 3개월을 못 넘기고 그만두는 사람이 많았는데 프로그램 도입 후에는 추가로 뽑지 않아도 됐다. 잘 하는 사람 1명만 남겨두면 충분했다.

1차 프로그램 개발로 보조 인력이 3분의 1로 줄긴 했지만, 재정 문제가 나아지는 건 아니었다. 중요한 건 반을 꽉 채우지 못했는데 새로운 반을 신설해야 하는, 그래서 추가로 전문 강사를 뽑아야 하는 상황을 없애는 것이었다. 결국엔 교재, 진도, 레벨과 상관없이 한 반을 꽉 채워서 구성할 수 있어야 인건비 문제가 해결되는 것이었다. 강사 수급도 문제였지만, 질적으로 우수한 선생님에게 투자해서 잘하는 사람을 더 대우해주고 서포트해주는 환경을 마련하는 것이 급선무였다. 강사 인원수만 많아지는 건 너무 비효율적인 구조였다.

이런 문제들을 잡아내지 못하면 나는 학원을 접을 수밖에 없다고 생각했다. 완전학습을 구현하자니 수익이 안 나서 학원의 존폐 위기가 생겼고, 그렇다고 인건비 때문에 완전학습을 포기할 수도 없었기 때문이다. 개별 진도, 개별 수업, 개별 복습관리가 모두 자동화되기만 한다면 한 아이도 빠짐없이 성적이 오르는 완전학습이 진정 제대로 구현될 것이었다. '마지막으로 한 번만 더 해보자' 결심하고 나는 1년 동안 부원장에게 아예 학원을 맡겨버렸다. 프로그램 개발에만 집중하기 위해서였다.

열등생이라도 포기할 필요가 없다

결국 2018년 4월 AI관리 자동화 프로그램을 완성했다. 완전학습 효과와 관리적인 측면까지 모두 해결한 것이었다. 학습 콘텐츠에서는 추가로 말하기, 독해 영역까지 개발을 완료했다.

"영어 6개 영역을 공부시키기 위해서는 로그인을 여섯 번 해야 한다." 이건 기존의 학습 프로그램을 사용해본 많은 학원에서 자조 섞인 이야기로 하는 말이다. 그런데 완전학습 자동화 프로그램을 완성한 뒤 우리 학원에서는 로그인 한 번만 하면 그 아이가 오늘 학습해야 할 자료들이 쭉 모여 있어서 아이가 이제는 직접 '학습하기' 버튼만 바로 누르면 된다. 선생님이 더 이상은 "저 오늘 뭐 해야 돼요?"라는 아이들 질문에 시달려 달력을 체크하고 시트를 작성하는 잡일을 할 필요가 없어졌다.

복습 시간에는 "선생님 다 했어요" 하는 아이가 있으면, 검색 한 번에 아이가 진짜 학습을 완료한 게 맞는지 미완료 사항은 없는지 실시간 파악할 수 있다. 선생님이 아이들의 진행률을 한눈에 파악할 수 있기 때문에 예정대로 진행이 안 되고 있는 아이들만 검색해서 따로 관리할 수도 있다. 그래서 아이들은 거짓말하고 도망가거나 착각해서 가려고 하는 것도 못한다. 철저하다고 느끼는 순간 아이들은 학원을 만만히 볼 수 없다.

보통의 학원들은 학습 태도에 문제가 있거나 어려워하거나 진도를 못 따라가는 중하위권 아이들은 들러리가 돼버리는 문제가 있다. 그러나 자동화 프로그램을 도입한 뒤로는 어려움을 느끼는 학생만 집중 관리할 수 있기 때문에 중하위권 아이들도 빠짐없이 완전학습에 도달하게 된다. 수업 진행률, 숙제 진행률, 목표 점수 미달자, 온라인 학습 미완료자 등을 집중 관리하면 도태될 아이가 없다.

학생 수 반토막에서 퇴원율 0%로

프로그램이 완성되고 내가 학원에 다시 원장으로 복귀했을 때 학생 수는 그동안 반토막이 난 상태였다. 170명을 최고점으로 찍었던 학생 수는 70여 명까지 줄어 있었다. 프로그램 개발 전에 학생 수가 이랬다면 적자로 인해 학원을 접어야 했을 것이다. 그렇지만 나는 70명 남은 학생으로 1인 강사 시스템을 적용했다. 그 외에 인력은 오로지 데스크 1명만 남겨두었다(학생 170명일 때는 강사 5명, 보조 인력 5명으로 직원만 10명이었다).

　결과는 성공적이었다. 추가로 인력을 충원하지 않아도 학원은 완전학습 체제로 잘 돌아갔다. 투입되지 않은 인건비는 고스란히 학원의 순이익으로 남았고, 놀라운 것은 아이들의 완전학습 효과였다. 시험만 봤다 하면 100점이거나 아니면 하나 틀린 정도였다. 70점 맞던 아이들이 80점만 맞아도 부모님들은 아주 좋아하는데, 100점이 아니면 아이들이 실망하는 정도가 되니까 오히려 궁금해했다. 어떻게 이렇게 성적이 오를 수 있냐며 놀라는 것이다.

　프로그램 개발 전까지 한 달에도 30명씩 그만둘 정도였던 학원은 프로그램 도입 후부터는 퇴원율이 0%가 됐다. 이후로는 오히려 오픈된 반은 다 마감이 되고 대기자가 줄을 섰다. 지금은 내가 학원을 운영하지 않고 다른 사람에게 완전히 일임을 해놓고 있는 상태다. 아직까지 학원은 아무 걱정 없이 잘 유지되고 있다.

학생들이 몰리는 학원은 따로 있다

• • •

보통의 학원 원장들이 온라인 프로그램을 찾는 것은 학습적인 이유 때문이다. 아날로그 식으로는 도저히 효율성이 안 난다는 걸 뼈저리게 느끼고 나면 학습 프로그램으로 마땅한 게 없나 찾아보게 된다. 자동 채점이 가능한 문제은행을 찾는 건 누구나 느끼는 목마름인 것 같고, 잘 가르치는 강사가 있을 경우 특히나 좋은 학습 프로그램을 더 찾는 것 같다.

클라이영어는 이제 가맹사업을 하고 있는데 소위 잘나가는 학원들은 학생 관리, 즉 일대일 개별 사후관리가 잘 되는 학원들이라는 걸 발견했다. 잘되는 학원일수록 관리의 필요성을 절실히 느낀다. 아이들이 수업한 걸 확실히 알고 가도록 관리한다는 것이 공통적으로 가지고 있는 목표다. 그게 가능하려면 아이들은 학원에 있는 동안 딴짓을 하면 안 되고, 그 방법을 찾는 것이 학생 관리의 관건이 된다. 이런 학원의 원장님들은 직접 현장 속에 있지 않아도 한눈에 아이들의 상태가 보였으면 좋겠다는 열망을 가진다. 강사가 어떻게 하고 있는지, 진도는 어디까지 나갔는지, 아이들은 얼마나 완전학습이 되는지 보고 싶은 것이다.

클라이영어의 사랑리스트 기능은 그런 면에서 호평을 받고 있다. 검색을 하면 학습관리가 안 되고 있는 아이들이 추려진다. 이 데이터를 가지고 원장은 선생님들과 후속 조치를 의논할 수 있다. 학습이 안 되고 있는 아이들의 문제가 무엇인지 소통하면서 선생님 관리까지 가능하다. 학생은 수업 내용을 전혀 소화하지 못하고 있는데 선생님만 혼자서 진도를 나가고 있는 건 아닌지 추가적인 문제를 체크할 수 있다. 학습 프로그램을 찾아보면서 이런 고민이 있었던 원장이라면 클라이영어를 접하는 순간 '이거다' 싶은 공감을 해주는 분들이 많다.

퇴원을 결정하는 건 부모가 아니라 학생이다

지역마다 유난히 잘되는 학원들이 있다. 한마디로 관리를 잘하는 학원인데 그 차이는 명확하다. 그런 학원 원장님들과 이야기를 나눠보면 완전학습에 대한 목마름이 있는 분들이 대부분이다. '관리'라고 하면 열심히 행사도 많이 열고 설명회도 자주 하고 마케팅도 열심히 하는 걸 떠올리는 사람도 있다. 이런 데 예산을 아끼지 않는 원장들도 있다. 그렇지만 마케팅에 비용을 많이 쓴다고 해서 모두가 잘되는 건 아니다. 나도 이걸 가맹사업을 시작하고 나서 확실히 알게 되었다.

학원의 지속 가능성은 퇴원율 관리에서 결정된다. 흔히 학원을 그만둘까 계속 다닐까 결정하는 건 학부모라고 생각하기 십상인데 실은 그렇지 않다. 전화해서 "학원 그만둘게요"라고 말하는 것은 물론 학부모다. 그렇다고 학원에 다닐까 말까 학부모가 결정했다고 생각한다면 오판이다. 같은 이유로 학부모를 대상으로 하는 설명회는 생각보다 그렇게 효과적이지 않을 수 있다.

사실 퇴원을 결정하는 주체는 아이들이다. 그걸 학원장들이 의외로 잘 모른다. 수업을 듣고 학원에 다니는 건 아이들이고, 집에 가서 그 아이들이 "나 다니기 싫어" 하면서 이유를 다양하게 댈 것이다. "도움이 안 된다", "강의가 별로다" 등 아이들 입에서 나오는 이야기들을 듣다가 "엄마, 그만 다니고 싶어요", "여긴 아닌 것 같아"라고 계속 조르면 학부모가 전화하는 것이다. 반대의 경우도 마찬가지다. 아이들이 "엄마, 나 이제 열심히 해보려고요" 이런 이야기를 들으면 이 학원을 계속 보내야겠다고 결정하게 된다.

내가 어머니들에게 많이 들었던 말이 "아이가 그런 결심에 찬 말을 하는 걸 처음 들었어요"였다. 아이가 갑자기 엄마에게 열심히 해보겠다는 말을 스스로 한다며 너무 놀랐고 감사하다는 것이다. 클라이영어에서는 학습조절 기능을 잘 활용하고 있어서 아이가 선생님과 상담하면서 스스로 학습을 설계한다. 그렇기 때문에 스스로와의 약속을 지키려고 노력하게 되고 그것이 학습 효과로도 연결되는 동기부여가 되고 있다.

직접적인 입소문은 학부모가 내더라도 '그 학원이 좋다'는 결론은 아이들 입에서 나오는 것이다. 아이가 변화된 모습을 보이고 뭔가 활기차고 반짝반짝 눈이 빛나기 시작하는 걸 어른들이 목격하면 좋은 소문이 퍼져나가는 것은 순식간이다.

간식 없이 공부만 해도 아이들은 좋아한다?

학원장 중에는 간식도 주고 라면도 끓여주는 경우가 많다. 그러나 아무리 간식을 퍼주고 아이들에게 편의를 제공한다고 해도 자신에게 도움이 되지 않으면 아이들은 그만둔다. 도움이 되는 시스템은 아이들이 더 잘 안다. 성적이 오르고 '이렇게 하면 되겠는데' 하고 깨닫게 되면 아이들은 더 열심히 한다. 그 점은 아주 놀랍다.

'학생들이 뭘 알아'라고 생각하는 분들이 가끔 있다. 이 관점이 맞다면 성적이 오르든 안 오르든 아이들의 학습 태도에는 변함이 없을 것이다. 그러나 자신감이 붙기 시작하면 아이들도 변한다. "다른 과목은 몰라도 나는 영어는 잘해" 이렇게 이야기하고 다닐 정도다. 내가 가르친 아이 중에는 다른 과목은 평균 60점인데 영어만 90점 이상인 경우도 많았다. 그러니 당연히 영어만큼은 잘한다는 자부심이 드는 것이다.

지금 하는 수업이 자신의 미래에 도움이 된다, 안 된다는 걸 판단하는 주체는 아이들이다. 이걸 깨달은 후부터 나는 부모가 아닌 학생이 만족할 수 있는 진짜 수업을 해야겠다고 생각하게 됐다. 학습 효과가 있는 완전학습을 포기하지 않고 지속하는 것, 그 본질만 지키면 학원은 잘될 수밖에 없다. 어떤 교육 환경에서도 최종적으로 학습 효과를 이끌어내는 관리를 하는 것, 전달된 지식을 체화시킬 수 있도록 최선을 다하는 것, 그 자체가 아이들을 생각하는 마음이다.

지식 전달만 하고 교육을 멈추는 원장들을 보면 '내가 이 이상 뭘 더 해줘야 하는데? 전달해줬으니까 애들이 알아서 받아먹어야지'라는 마음을 가지고 있다. 그러나 아이 한 사람씩 생각하는 마음이 있다면 어떻게든 체화시키려고 테스트를 하든 복습을 시키든 할 것이다. 부모님들과의 소통에서도 그게 드러난다. "아이가 더 있다 가도 될까요?", "숙제를 안 해오면 본 수업이 망가지니까 내일 보내주실 수 있을까요?" 등과 같은 질문들은 완전학습을 만들기 위한 관리다. 세상에서 진심은 통하기 마련이다.

모든 학원이 완전학습을 고민하는 건 아니었다

가맹사업을 시작하고 나서 놀랐던 것이 있다. 내가 했던 고민을 모두가 하는 것은 아니었다. 아이들의 복습에 대해 별로 고민을 안 하는 원장님들이 꽤 있었다. 복습은 학원의 몫이 아니라 집에 돌아간 후 아이들의 몫이라고 생각하니까 복습을 자동화시키는 데에도 당연히 관심이 없는 것이었다. 관리에 대한 중요성 자체를 인지하지 못하는 원장님들은 상당히 많았다. 영어를 강의만 듣는 게 아니라 체화시키는 레벨까지 가야만 학습 효과가 날 수 있다는 사실에는 별 관심이 없어 보이는 분들이었다. '어디까지 선생님이 붙어서 해줘야 하는데? 자기 주도 학습을 학생이 해야지'라고 생각하는 듯했다.

'아이들이 완전학습으로 영어를 공부하는 방법을 체화할 때까지 선생님이 포기해서는 안 된다'라는 생각이 어느 정도 일치해야지, 그렇지 않으면 우리 프로그램에 메리트를 못 느낄 수도 있겠다는 생각이 들었다. 기존에 이런 프로그램이 없었기에 개발에 뛰어든 것인데, 반대로 생각하니까 모든 원장이 이런 걸 원하는 건 아니라서 이런 프로그램이 없었던 건 아닌가 싶은 생각도 든다.

기존에 사교육 시장에 나와 있는 다른 학습 프로그램들을 봐도 체화 단계를 오로지 학생의 의지에만 의존하고 있는 것이 대부분이다. 실제로 자기 주도 학습이 가능한 아이들은 상위 1~4% 정도일 뿐인데 아무리 상담 선생님이 학생마다 배정된다고 해도 학습 효과가 나올 리가 없다. 학생들과 소통하면서 동기부여를 해주고 심리적 문제든 태도의 문제든 걸림돌이 되는 여러 가지 요인들을 끄집어내서 완전학습 체화 단계까지 갈 수 있도록 밀어주는 휴먼 컨택이 없는 것이다. 이것이야말로 기계가 할 수 없는, 인간만이 할 수 있는 영역이다. 오늘 넣어준 학습 콘텐츠를 했는지, 안 했는지만 체크해서는 휴먼 컨택이라 할 수 없다.

자동 채점이 되는 문제은행이 다 있는데도 불구하고 완전학습을 위한 개별 맞춤을 실현할 수 없었고, 레벨에 상관없는 무학년 반 구성이 안 됐던 이유가 이런 것이다. 선생님의 수업과 프로그램이 유기적으로 연결돼 있지 않았던 것은 완전학습을 위한 휴먼 컨택의 고민이 안 담겨 있었기 때문이다. 아이들을 가르치다 보면 아이들의 상황에 맞게 변동 사항을 담을 수 있는 조절 기능이 정말 절실하게 필요한데도 기존 프로그램에는 그런 고민의 흔적이 없었다. '모든 애들이 어떻게 완전학습을 해? 그게 가능해?'라는 생각이 전제가 되면, 학습 효과를 아이들의 의지에만 의존하는 프로그램이 될 수밖에 없었을 것이다.

가맹사업을 시작한 뒤 여러 학원의 사례를 비교해보면 이런 고민의 차이가 실제로 아이들 성적의 차이를 만들어낸다. 중하위권 아이들을 '너희들이 공부를 안 했으니까 너희 책임이야'로 바라보느냐, '너희들이 공부를 할 수밖에 없는 시스템을 만들겠다'는 시선으로 바라보느냐, 그 차이는 클 수밖에 없다.

강의력이 완전학습에 미치는 영향

• • •

자동화 시스템을 도입하기 전에 "선생님 저 오늘 뭐 해야 돼요?" 라는 질문은 아이들에게 가장 많이 들었던 말이다. 그런데 이 말 자체가 벌써 학습에서 자기 주도가 이뤄지지 않고 있다는 뜻이다. 아이들은 스스로 학습하기 싫어서가 아니라 어떻게 해야 할지 모르겠으니까 물어보는 것이다. 화려한 퍼포먼스로 "강의 잘한다" 소리를 듣는 것보다는 '어떻게 공부하면 될지' 아이들이 깨달을 수 있도록 체험시켜 주는 것이 영어 교수(敎授)의 왕도가 아닐까 싶다.

잘 가르치고 못 가르치는 것은 사실 주관적인 것이다. 어떤 학생은 좋다고 말한 강의를 어떤 학생들은 별로라고 하는 경우도 있다. 그래도 실제로는 그 강의력에 따라 퇴원이 결정된다는 점은 우리 학원에서도 극복해야 할 문제였다. 강의력에 따른 영향을 받지 않으려고 선택한 방법은 잘 가르치는 선생님의 강의를 온라인 동영상으로 먼저 듣고 예습해오는 숙제를 내주는 것이었다.

코로나19로 인해 학생들이 언택트 수업을 받는 모습을 보고 학부모들 사이에서는 온라인 학습에 대한 부정적인 이미지가 생겨난 듯하다. 부모 입장에서는 '우리 애가 딴짓하면 어떡하냐'는 걱정을 할 법도 하다. 그러나 아이들이 강의에 집중하지 못하는 것은 대면이냐 비대면이냐 여부에 따라 달라지는 것이 아니다. 강의를 듣다가 아이들은 모르는 게 나오면 집중하지 못하고 그때부터 쭉 딴짓을 한다. 또 아이들은 강의를 듣다가 아는 게 나오면 '왜 이걸 들어야 하지?' 하면서 딴짓을 한다. 자신과 상관없다고 생각할 때 집중하지 못하는 것이다. 이것은 온라인이기 때문에 벌어지는 일이 아니라 대면 강의에서도 마찬가지로 나타나는 현상이다.

예습까지 자동화할 수는 없을까

'집중할 수밖에 없는 시스템을 만들면 온라인 학습의 단점은 극복하고 장점만 살릴 수 있을 것이다.' 나는 그렇게 생각했다. 초등학교 저학년생인데도 유튜브로 스스로 배워 빵이나 쿠키를 굽는 아이들도 있는 걸 보면 문제의 요인은 온라인이 아닌 걸 알 수 있다.

강의를 예습으로 미리 듣고 오게 하는 시도는 하브루타 방식의 수업을 하고 싶었기 때문이다. 한 마디로 아이들이 무얼 알고 있고 무얼 모르는지 스스로 구분할 수 있도록 유도하기 위한 것이다. 나는 이걸 기존에 있는 프로그램으로 먼저 시도해봤다.

강남구청의 유료 인터넷 강의가 있는데, 여기서 아이디를 구매

했다. 아이들이 학원에 오면 이 문법 강의를 먼저 듣고 본 수업에 들어오게 했다. 본 수업의 질을 높이기 위한 시도였는데 막상 해보니 학습 효과가 너무 떨어졌다. 가장 큰 문제는 스킵 기능과 속도 조절이었다. 아이들은 2배속, 4배속으로 빨리 돌려보곤 했는데, 제대로 들리지도 않는 속도로 틀어놓고 딴짓을 하기도 했다.

대면 수업을 할 때도 아이들이 집중하지 않고 딴짓을 하는 건 예삿일이다. 눈을 마주치고 고개를 끄덕인다고 해도 머릿속으로는 딴생각하는 경우가 태반이다. 이런 현상이 동영상 강의에서는 더 심화되는 것이다. 아는 내용이 나오면 스킵해버리기도 하는데, 중요한 건 이 모든 사실이 확인이 안 된다는 것이다. 수업을 다 들었는지 확인하려면 일일이 아이디를 입력하고 로그인해서 들어가 살펴봐야 하는데, 쉽지 않았다.

게다가 온라인 사전 수업을 듣기 전에도 똑같은 질문이 들려왔다. "선생님 저 오늘 뭐 들어야 돼요?"라는 질문이 나온 것이다. 사전 지식습득을 통해 하브루타 수업을 하고 싶었던 것인데, 사전 지식습득부터 막혀버린 것이다. 기존의 온라인 강의로는 불가능하다는 결론을 내렸다. 그 과정에서 아이들이 실망하고 우르르 나가는 일도 있었다. 이상과 현실의 괴리였다.

'나는 지금 왜 공부하는가?'

클라이영어의 자동화 프로그램 완성 후 모든 학생이 완전학습으로 90점 이상의 성적이 나오게 된 것은 예습, 본 수업, 복습이 자동으로 결합되는 시스템 덕분이었다. 이로써 선생님이 매번 "너는 오늘 이거 해" 하고 설정해줘야 하는 것이 없어졌다. 수업 진도만 관리하면 거기에 맞춰서 예습으로 들어야 하는 온라인 강의, 추가 학습 시간에 해야 할 테스트나 훈련이 일원화돼서 뒤따라왔다. 학생은 로그인해서 들어가면 그날 해야 할 학습이 자동으로 뜨기 때문에 물어볼 필요 없이 학습하면 된다. 또 선생님은 "저 다 했어요. 갈게요" 하는 아이들의 학습이 정말 끝났는지 바로바로 확인할 수 있다.

여기에 개별 교재, 개별 진도, 개별 맞춤을 실현하면서도 학습 공백 없이 담당 선생님의 감에 의해 좌우되지 않으려면 전체적인 학습 로드맵이 정해져 있어야 했다. 어떤 교재로 어떤 흐름으로 진행될지 특정 근거에 의해 객관화, 표준화된 커리큘럼이 있어야 했다. 이것은 어떤 학생이 됐든 어떤 선생님이 관리하든 자동화되어 진행할 수 있다는 뜻이다. 커리큘럼을 선정했으면 교사가 그대로 수업하고 있는지도 관리해야 했기 때문에 필요한 부분이었다. 수업이 늦어진 건 아닌지 진도가 밀리고 있는 건 아닌지 파악해야 했다.

학습 로드맵을 일원화시키려면 어떤 목표성을 가지고 있어야 한다는 생각이 들었다. 고등학교에 진학한 후에는 내신 등급이 잘 안 오르는 과목이 바로 영어였다. 안타깝게도 떨어지는 경우는 있어도 올라가는 경우는 거의 없다는 통계가 있다. 고등학교로 진학하자마자 1학년 때 1등급, 2등급에서 왔다 갔다 할 정도의 학생이 아니라면 역전은 미치도록 어렵다. 고등학교 때는 지식을 습득하는 과정이 아니라 완료된 지식을 가지고 결과를 보여주는 단계라고 봐야 한다. 결국 만회할 수 있는 데드라인은 중학교 3학년까지라고 봐야 현실적이다. 결국 중학교 3학년까지 수능 영어를 완성하고 고등학교 1학년이 됐을 때 내신 1등급이 되는 것을 목표로 하고 로드맵을 짜기로 했다.

학부모들은 아이가 어릴 때는 말하고 쓰는 걸 목표로 해서 영어를 즐겼으면 좋겠다며 학원에 데리고 온다. 그런데 고등학교에 올라가면 갑자기 발등에 불 떨어진 상황이 된다. 점수가 안 나오니까 목표는 결국 하나로 귀결된다. 수능과 내신이 잘 나와야 한다는 결론이다. 영어유치원을 나오고 조기유학을 갔다 왔는데도 수능과 내신 성적이 잘 안 나오는 경우도 많다. 그렇게 많은 투자를 했는데 결과는 왜 실망스러운지 혼란스러워한다. 그런 일들을 미연에 방지하는 건 중학교 3학년까지 수능 영어 입시 준비를 끝내는 것이다.

메타인지를 높이는 하브루타를 지향하다

• • •

2차로 프로그램이 완성되고 나서부터 내가 이상적이라고 꿈꾸었던 메타인지를 높이는 하브루타 교육은 가능하게 되었다. 그게 가능했던 것은 완전학습을 실현하는 3단계 수업 구성 덕분이었다. 하브루타는 유대교 경전인 《탈무드》를 공부할 때 사용하는 방법으로, 원래는 나이, 계급, 성별과 관계없이 2명이 짝을 지어 서로 논쟁을 통해 진리를 찾는 것을 뜻한다.

영어 학습에서 하브루타 교육이 가능해진 것은 바로 플립러닝(flipped learning)을 통해서다. 기존의 수업 방식은 교실에서 강의를 듣고 집에서 숙제를 해오는 식이었지만, 플립러닝은 역진행 수업이다. 학생은 수업 시간 전에 미리 영상 자료를 보고 학습한 뒤에 본 수업에 들어오며, 학생들 간에 상호 작용을 하거나 심화된 학습활동으로 진행하는 것이 플립러닝이다. 우리 학원에서는 '설명하기 방식 수업'으로 진행되었으며, 이렇게 바뀐 수업 방식 덕분에 개별 맞춤 교육이 완전히 가능해지게 되었다.

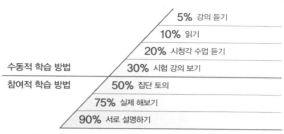

| 학습 피라미드 |

　　미국의 교육학자인 에드거 데일(Edgar Dale)이 제시한 학습 피라미드(learning pyramid)라는 것이 있다. 다양한 방법으로 공부한 다음에 24시간 후에 기억이 남아 있는 비율을 피라미드로 나타낸 것이다. 이 피라미드를 보면 학교나 학원에서 교사가 강의를 통해 설명하는 교육은 평균 기억률이 5%에 불과했다. 학생들이 책상에 앉아 열심히 읽으면서 공부하는 것이 10%, 시청각 교육은 20%였다. 시범이나 현장견학은 30%의 학습 효율성이 있다. 그런데 토론은 50%, 직접 해보는 것은 75%, 다른 사람을 가르치는 것은 90%의 효율성을 갖는다. 만약 친구나 동생을 가르치는 방법으로 1시간 공부한 사람과 동일한 효과를 얻으려면 읽기는 9시간, 강의는 18시간을 들어야 한다. 설명하기 방식은 강의를 듣는 공부보다 18배의 효율성을 갖는다.

　　듣고 외우는 형태에서 벗어나 질문과 토론을 통해 다른 사람을 가르치고 설명하는 형태의 소통하는 공부가 바로 하브루타다. 하브루타는 메타인지를 높일 뿐만 아니라 90%의 학습 효율성을 가진다. 친구와 토론하면서 서로를 가르치고 서로에게 배우는 것이 최고의 공부 방법인 것이다.

공교육에서도 이런 시도는 플립러닝이라는 이름으로 시도된 바 있다. 학습자 스스로 선행학습을 수행한 후 수업에 참여해 자기 주도적으로 진행하는 학습자 중심 방식이다. 이런 좋은 시도들이 실제에서는 실패로 끝나고 마는 경우가 많은데, 그 이유는 한마디로 학생들이 아는 게 없어서다.

아는 것과 모르는 것을 구별할 수 있는 능력이 메타인지다. 그 것은 단지 생각만으로 파악할 수 있는 것이 아니라 설명을 해봐야 드러난다. 알고 있다고 생각했는데 말로 전달하지 못한다면 사실은 제대로 모르는 것이다. 어른들도 마찬가지로 '들어봤다'인 상태를 '안다'고 착각하는 경우가 많다. 아는 게 있어야 설명할 수 있는데, 설명할 수 없다면 그건 결국 모르는 지식이다. 공교육에서 설명하는 수업에 실패하는 것은 아는 게 없는 상태에서 수업에 들어가기 때문이다. 그것은 사전 수업의 중요성을 극명하게 보여준다.

하브루타와 코칭을 위한 전제, 사전 예습

클라이영어 자동화 시스템에서는 본 수업에서 그룹 강의를 하지 않는다. 지식 전달 수업은 사전에 집에서 온라인으로 받고 온다. 학원에 와서도 본 수업에 바로 들어가는 것이 아니라 온라인으로 받은 수업에 대해 테스트를 하는데, 제대로 알고 있는 것과 알지 못하는 것을 인지하기 위해서다. 기본적인 체화 학습을 하고 수업을 시작하는 셈이다. 이런 사전 수업 단계가 있기 때문에 본 수업에서는 거꾸로 학생이 선생님에게 테스트에서 틀린 문제를 스스로 설명하는 수업이 가능해진다. 자신의 오답이 왜 오답인지 설명하는 걸 들어보면 이해 못 하는 부분이 딱 보이기 때문에, 선생님은 그 부분만 콕 집어서 개별적으로 해결해줄 수 있다.

이러면 수업 분위기가 능동적으로 바뀌고 자기가 배운 내용을 설명하기 위해 1차적으로 생각하는 단계가 들어간다. 4차 산업혁명 시대의 인재상에 부합해 능동적인 사고를 하는 인물로 키우는 수업 현장이 된다. 생각하는 힘을 길러주는 이런 수업 모습은 내가 생각하던 이상적인 수업의 모습이었는데 이게 실현된 것이다. 그러니까 본 수업은 학생들이 먼저 자신이 아는 것과 모르는 것을 구분하고, 선생님은 피드백으로 보정해주는 코칭 수업 형식이 된다. 그렇게 수업이 끝나고 나면 부족했던 부분들은 추가 학습 시간에 완전학습 형태로 마무리한다. 이런 아이들의 상태는 다음 수업에도 반영되어 선순환을 이루게 된다. 선생님은 자동화 시스템 덕분에 코칭에만 집중할 수 있기 때문에 정확한 진단에 따른 정확한 처방으로 모든 아이들의 성적이 올라갈 수 있게 된다.

사실 강사가 티칭을 잘한다고 해서 아이들의 성적이 올라가는 것은 아니다. 티칭이 가장 중요하다면 유명 학원 1타 강사의 수업을 듣는 아이들은 모두 공부를 잘해야 하지만 그건 아니다. 선생님이 일방적으로 떠드는 것으로는 학습 효과를 극대화할 수 없다. 수업을 듣고 자기 것으로 소화시켜 체화할 수 있어야 학업 성취는 올라간다.

클라이영어 자동화 시스템을 제대로 실천하고 있는 학원에서는 일방적 지식 전달이 아니라 일대일 수업을 하고 있다. 한 반에 6명이 있다면 6명 모두 개별 맞춤으로 다른 수업을 하는 것이 가능하다. 아이들은 이미 예습 단계에서 선행으로 각자의 학습을 끝낸 상태에서 수업에 들어오기 때문에, 이 데이터를 전달받은 선생님은 질문을 던지면서 모르는 걸 끌어올려 의사가 진단하듯이 수업을 진행할 수 있다.

선행으로 이루어지는 클라이영어의 동영상 강의는 스킵 기능이 없어서 임의대로 뒤쪽으로 넘겨서 들을 수가 없다. 배속으로 듣는 기능도 적정 수준 이상은 먹히지 않는다. 다시 앞쪽으로 가서 다시 듣기만 가능할 뿐이다. 대면 수업에서 강사들은 "선생님이 지금 뭐라고 했지?"라고 질문을 던진다든가 중요한 대목을 따라서 말하게 만드는 식으로 집중력을 높이기 위해 노력을 기울인다. 이런 노력을 동영상 강의에도 그대로 적용해 '강의 통제 시스템'을 만들었다. 중간에 질문을 던져서 그걸 맞춰야만 아이들은 강의를 계속 들을 수 있다. 실제로 선생님이 바로 앞에서 수업하는 것보다 훨씬 높은 효과가 나고 있다.

이런 흐름으로 공부한 아이들은 사전적으로 개념이 잡히는데, 학원에 와서도 선생님이랑 대면 수업을 하기 전에 한 번 더 학습한다. 동영상 강의에서 들었던 내용으로 테스트를 보는 것이다. 프로그램으로 연동돼 있어서 학원에 오면 바로 개념 테스트를 볼 수 있고, 본 수업이 시작되기 전에 숙제 검사를 한다. 만약 아이들이 숙제가 안 했거나 예습이 안 되어 있는 상태에서 수업을 들으면 무의미하게 시간만 흐르는 것이 된다. 본 수업을 온전히 다 받아들일 수 있는 상태에서 시간 낭비 없이 수업을 받으려면 사전 준비 단계는 필수다.

강의 전에 사전 준비 테스트에서 틀린 것이 많을 때는 수업에서 교정을 받고 수업이 끝난 후 복습 시간에 완전히 체화시킨다. 그것은 그다음 피드백 수업에 반영되어 선순환이 이루어지는 흐름이다. 학생이 설명하는 방식의 하브루타 수업은 그렇게 사전 지식이 쌓인 상태에서 수업에 들어오기 때문에 무리 없이 진행될 수 있다.

예습, 본 수업, 복습은 완전학습 3단계 구성

선생님과 진행되는 보통의 수업 모습은 반에 있는 학생들이 무엇을 모르는지 모르기 때문에 알고 있는 것까지 포함해서 처음부터 끝까지 선생님이 모두 강의를 해야 한다. 그래서 한 단원만 나간다 해도 주어지는 강의 시간을 다 써야 하기 때문에 한 반에 있는 학생들 모두에게 개별적으로 강의를 한다는 것은 불가능하다. 한 반에 6명이라고 하면 6시간이 걸리는 것이다. 그런 모습이면 오답 문제에 대해 피드백을 해주고 학생이 직접 설명하는 것을 들을 여유와 시간 따위는 없다.

이러한 이유로 같은 반이지만 모두가 다른 진도, 일대일 개별 피드백 수업이 가능한 이유가 납득이 되지 않을 수 있다. 한 클래스에서 여러 명의 학생이 각기 다른 진도를 어떻게 진행할 수 있냐고 묻는 학원장이나 학부모님들이 많이 있다. 하나의 진도를 제대로 짚어주기에도 시간이 모자란데 어떻게 개별 진도를 클리어할 수 있는지 이해가 안 간다는 것이다. 이것은 완전학습을 위해 수업 구성을 어떻게 짜놓았는지를 보면 이해할 수 있다.

예습, 본 수업, 복습의 3단계 구성은 특허로 인정받은 개별 맞춤 기술로(특허명: 온, 오프라인 블랜디드 러닝에 최적화된 개별 맞춤 교육 서비스의 관리 자동화 기능 서비스 방법 및 장치) 아이들이 체화시켜야 할 학습 내용을 촘촘하게 잡아준다. 마치 깔대기로 덩어리를 거르는 것과 같다. 아이들이 체화해야 할 학습량이 10이라면 우선 아이들은 온라인수업으로 예습을 하면서 5 정도의 양을 익혀가지고 온다. 특허로 출원한 '강의 통제 시스템'으로 문법적으로 꼭 알아야 할 것들을 체크하기 때문에 효과는 확실하다. 집중력이라는 문제를 해결했기 때문이다. 그리고 학원에 오면 본 수업에 들어가기 전에 테스트를 통해 다시 한 번 아이들이 알아야 할 학습 내용을 숙지하는데, 여기서 3 정도를 더 익히게 된다.

따라서 본 수업에 들어왔을 때는 모르는 것이 2 정도가 남아 있는 상태가 된다. 본 수업에서 아이들은 테스트에서 틀렸던 문제에 대해 '이게 왜 오답이고 왜 저게 정답인지' 스스로 설명해야 한다.

"문제를 잘못 읽었어요", "잠깐 딴 생각해서 틀렸어요" 같은 설명이 아니라 "여기서는 동명사를 썼어야 하는데 to부정사를 답으로 골라서 틀렸어요" 같은 설명이다. 그 내용을 들으면 선생님은 그 학생이 무얼 모르는지 짚어낼 수가 있다. 예를 들어 어떤 경우에는 '단어를 몰라서 틀렸구나', '이 아이는 품사가 뭔지 모르는구나'가 파악될 수가 있다. 그러면 "이 단어는 명사야, 동사야?", "be동사가 뭐지?"와 같은 질문을 던져 아이의 상태를 정확히 파악할 수 있다.

아이들의 상태가 각각 정확하게 파악이 되면 복습 시간에는 그 것을 확실하게 잡아줌으로써 체화를 완성할 수 있게 된다. 이때 파악된 상태에 따라 단어 레벨을 조정하기도 하고 부족한 부분을 어떻게 할지 다음 수업에 반영하기도 한다. 이렇게 설명하면 어떤 학원장은 "학생들이 어떻게 명사가 뭔지도 모르나요?" 같은 반응을 보이는 경우가 있다. "학생들이 그걸 모른다는 사실을 이제야 아신 겁니다"라는 게 내 대답이다.

1차, 2차에 걸쳐 완성된 완전학습 자동화 프로그램은 정리하면 크게 두 가지 특징이 있다. 하나는 개별화 수업이라는 것, 또 하나는 예습·본 수업·복습의 수업 구성으로 돼 있다는 것이다. 완전학습을 위한 전제 조건으로 개별화 수업을 실시하되, 예습으로 온라인수업을 들으면서 지식 전달을 받고 학원에서 본 수업 전에 사전 이해도 평가를 실시한다. 스스로 설명하지 못하면 이해하지 못한 것으로 정의하며, 본 수업 후에는 재평가를 실시하고 될 때까지 보충수업(복습)을 하는 구조다. 여기서 강의와 평가를 자동화시켰기 때문에 교사는 맞춤형 피드백과 휴먼 터치에 집중할 수 있게 된다.

레벨에 상관없이 어떤 학생도 성적이 오른다

완전학습을 위한 자동화 프로그램의 필요성은 사실 공부방을 처음 시작했을 때부터 느끼던 것이었다. 기존의 학습 프로그램 중에 내가 찾는 것이 있을 거라 기대했지만 그렇지가 않았다. AI를 표방하거나 완전학습을 표방하는 것들은 많이 있었지만 내가 원하는 학습관리 효과는 기대할 수 없었다.

프로그래머도 아닌 내가 개발에 뛰어들어 몇 번의 시행착오와 업그레이드를 거쳐 완성한 교육 프로그램은 이제 내가 상상하던 완전학습의 모습을 구현시켜 주고 있다. 소그룹 수업이면서도 개별 맞춤 수업을 하는 것이 가능한, 피드백이 원활한 하브루타 교육 말이다. 레벨이 다른 학생들이 한 반에 모여서 수업을 해도 아무런 지장이 없는 수업 환경을 만들어줄 프로그램, 교재가 다르고 진도가 모두 달라도 한 아이도 빠짐없이 완전학습으로 복습을 할 수 있는 프로그램, 그럼에도 불구하고 선생님은 잡일에서 해방될 수 있는 프로그램이 만들어진 것이다.

아이들은 학원에 오면 평균 4시간은 머물렀는데, 시간 투자를 한 만큼 충분히 성과는 있었다. 한 학기가 지난 후, 중하위권이었던 아이들을 포함해서 90점을 넘지 않는 아이들이 한 사람도 없었다.

이 자동화 프로그램은 클라이(KLAI)라는 이름으로 가맹사업을 하고 있어서 지금은 다른 학원에서도 쓸 수 있다. 2022년 3월 현재 전국의 250여 곳이 넘는 학원에서 이 프로그램을 쓰고 있다. 코로나 팬데믹 직전에는 80여 곳이었는데, 언택트 시대를 맞아 오히려 매달 10개씩 늘어나더니 두 배 이상 성장했다. 무엇보다 학원 원장님들의 피드백이 좋다. 코로나19 때문에 강제로 휴원하게 됐을 때 온라인수업으로 대체할 수 있어서 별 지장을 받지 않았다고 한다. 이 프로그램이 없었더라면 아이들은 학업 공백이 생기고 학원은 살아남지 못했을 것 같다며 고마워했다.

　클라이영어 프로그램을 쓰는 학원들은 교실에서 모여서 티칭하던 영역은 줌(Zoom)으로 대신하고, 복습은 하던 대로 온라인으로 할 수 있기 때문에 영향을 받지 않았다. 대면 수업과 비대면 학습을 통합해서 진행하는 블렌디드 러닝(blended learning)이 이미 이루어지고 있었기 때문이다. 기술적인 면에서 살펴보면 아이마다 AI가 옆에 붙어서 개인별 커리큘럼에 따라 학습을 컨트롤해준다고 봐도 무방하다. 시간도 체크해주면서 다음에 뭘 해야 되는지 지시해주기 때문에 선생님은 결과만 확인하면 된다. 코로나19 이후의 사회에는 온라인 교육과 오프라인 교육이 교차하는 이런 교육 방식이 더욱 활성화될 것으로 예상된다. 거창하게 4차 산업혁명 시대를 대비하려고 그랬던 건 아닌데 시기가 묘하게 맞아떨어졌다. 이제 이러한 준비를 하고 있는 곳과 그렇지 않은 곳의 차이는 점점 벌어질 것이라 생각한다.

BIG CHANGE

3장

자동화 시스템에서 소외된 아이는 없다

아이들도 자기 인생이 소중하다

• • •

프로그램을 개발할 때 기술을 담당하는 개발자만 있다고 일이 진행되는 것은 아니다. 기획자가 함께 붙어서 어떤 로직으로 진행할지 현실화시키기 위한 설계를 한다. 개발이 잘못됐다면 그건 결국 기획자가 의뢰인의 의도를 이해하지 못하고 기획을 잘못한 것이라고 할 수 있다. 1차 학습 프로그램 개발에서 미흡했던 부분을 해결하기 위해 2차로 관리 프로그램을 개발할 때 나는 직접 기획에 뛰어들게 되었다. 중간에 개발회사가 일을 그만두었기 때문에 결심한 일이었다.

이때 내가 가장 먼저 설계한 것이 '예상 등급 성취 레포트'라는 것이다. 이것은 다음 세 가지 문제를 해결하기 위한 것이었다. 첫째, 하나의 학습 코스가 끝나고 다음 코스로 넘어갈 때 일일이 강사가 직접 입력하지 않아도 자동으로 다음 스케줄이 완성돼야 했기 때문이다. 공부에 공백이 생기지 않도록 전반적인 진도를 관리하기 위한 조치였다. 둘째, 개별 맞춤 학습을 하되 체계적인 로드맵이 설계되어야 했다. 개인 과외도 개별 맞춤 수업이지만 체계성을 갖추기 힘들다는 문제가 있다. 그래서 개인 과외와 학원의 각 장점을 살릴 수 있는 전반적인 커리큘럼이 필요했다. 셋째, 개별 진도를 진행할 때 수업이 늘어질 수 있는 문제를 해결해야 했다. 남아서 보충 공부까지 하는데도 아이가 책 한 권을 가지고 한도 끝도 없이 몇 개월을 붙잡고 있는 경우도 있다. 진도가 타이트하게 나갈 추진력이 없을 때 벌어지는 일이다.

커리큘럼, 목표 기간, 장기적인 계획, 학습 로드맵 등이 갖춰진 상태에서 언제까지 뭘 하고 언제까지 뭘 끝낸다는 목표가 준비되지 않으면, 마냥 아이의 상태에 맞춰주다가 느슨해질 것이다. 보통은 이런 목표가 없이 수업하다 보니까 아이가 오늘 집중을 못하고 상태가 안 좋으면 이야기도 좀 들어주다가 "다음 주에 또 한 번 복습해보자" 그러다가 늘어지는 것이다.

아이가 학원을 다니는 것은 결국에는 입시가 목적이기 때문에 '고등학교 1학년 되기 전까지 수능 영어 끝내기'라는 목표를 세웠다. 고등학교에서는 이미 완성된 영어를 써먹는 단계라고 생각해야 한다. 그렇지 않으면 내신 점수가 절대 안 나오기 때문이다. 어떤 아이든 신입생으로 오면 레벨 테스트를 보고, 고등학교 1학년 때 몇 등급이 나올지 예측해준다. 그리고 내신 등급이 1등급이 나오려면 남은 기간 동안 어떤 학습 과정을 거쳐야 하는지 로드맵이 자동으로 생성된다. 이것이 '예상 등급 성취 레포트'다. 수능 실전 단계까지 어떤 책으로 어떻게 진도를 나가야 하는지 한 번에 쫙 구성이 끝난다. 프로그램이 알아서 중학교 3학년까지의 몇 년치 학습을 세팅해주는 것이다.

미리 보는 수능 내신, '예상 등급 성취 레포트'

처음 학원에 신입생이 오면 레벨 테스트를 보고 결괏값을 프로세스에 입력한다. 그러면 수능 내신으로 받을 수 있는 성취 등급과 학습 유효기간을 안내받을 수 있다. 필수 어휘를 포함해 6개 영역에서 목표 학습 개수를 레벨에 맞춰 제시해주는 것이다. 이 아이가 현재 상태의 공부법으로 진행할 때 받을 성적이 나오는 것이기 때문에, 아이들도 등급을 높이기 위해 단어 암기량을 늘린다든지 등원 횟수를 늘린다든지 애를 쓰는 모습을 보인다. 막연히 "너 지금 늦었으니 서둘러야 된다. 열심히 해야 된다"는 말은 먹히지 않는다. 수능 내신 1등급을 얻기 위한 장기 로드맵을 앞에 두고 상담하면 아이들은 얼마나 더 열심히 해야 되고 얼마만큼의 학습량이 적정한지 스스로 판단한다.

상담은 보통 진로 진학을 기반으로 진행하는데, 예상 등급 성취 레포트에 진짜 관심이 있는 건 학부모가 아니라 아이들이다. 학원장들과 학부모들이 간과할 수 있는 부분이 여기에 있는데, 고등학교에 가면 최종 몇 등급을 받게 될지에 가장 관심 있는 건 실제로는 아이들이다. 자기 인생이기 때문이다. 어른들의 생각보다 아이들은 훨씬 더 주체적으로 자기의 인생을 살고 있다. 아이들은 그저 지금 공부를 '왜' 해야 하는지 모르는 것뿐이다.

초등학교 5학년 승준(가명)이는 "엄마, 학원 그만 다니고 싶어"라는 말을 입에 달고 다녔다. 그럼에도 불구하고 학원을 2년이나 다녔다. 공부를 해야 한다는 건 아이들도 안다. 공부하는 게 너무 고통스러우면 그만두면 되는데 그렇게 하지는 않는다. 중학생의 경우에는 추가 학습까지 하면 4시간 동안 꼬박 학원에 있어야 되는데 그만두지는 않는다. 아이들이 오늘의 학습을 다 못 끝내면 "내일 오겠다" 하고 진짜로 다음날 되면 학원에 온다. 정말 하기 싫으면 안 오면 되지만, 사실은 아이들이 스스로 컨트롤한다는 뜻이다.

엄마에게 매일 그만두고 싶다고 이야기하는 건 힘든 상황을 어필하는 것으로, 사실은 징징거리는 것이다. 아이들도 나름대로 사회생활이란 걸 하기 때문에 선생님이나 친구에게 징징거릴 수는 없으니까 엄마랑 함께 있을 때 징징거림으로써 힘든 걸 알아주기 바라는 것이다.

승준이는 '예상성취 등급 레포트'라는 시스템을 만든 후에 진로 상담부터 실시했다. 공부를 해야 한다는 막연한 마음은 있지만 동기부여가 부족한 경우에는 상담을 해서 아이의 꿈이나 진로를 확실히 하는 것이 중요하다. 지금 하고 있는 공부가 왜 의미 있는 일인지 인식시켜 주는 것이다. 진로나 꿈 없이 대화하는 것은 아이들에게 잘 안 먹힌다.

예상성취 등급 레포트는 지금 상황이 지속됐을 때 고등학교 1학년에 올라가서 몇 등급을 맞을 것이고, 하루에 이만큼 하지 않으면 등급을 올리지 못해 원하는 목표를 달성할 수 없다는 걸 이야기해 주기 위한 것이다. 승준이는 경찰이 되고 싶어하는 아이였는데, 그러면 당연히 공무원 시험을 봐야 하고 영어 시험을 꼭 봐야 했다.

상담 이후로 이 아이는 공부를 할 수밖에 없게 됐다. 커리큘럼대로 하지 않으면 경찰공무원이 될 수 없다는 걸 함께 이야기하고 나니 승준이는 "선생님, 저 학습량 올릴게요"라는 말을 했다. 하기 싫어하고 힘들어한다는 이야기를 자주 듣다 보니까 하루 학습량을 낮춘 상태였는데 아이가 변화한 것이다. 예상성취 등급 레포트를 만들고 나서부터는 내가 일방적으로 커리큘럼과 학습량을 만든 적이 없다. 항상 아이들과 함께 이야기했다. 이후로는 수동적이었던 아이들도 스스로 책임지려고 하는 능동적인 모습이 나타나기 시작했다. 본인이 학습을 설계하고 복습 시간에 학습을 완료하지 못하면 "언제까지 올게요" 직접 결정하고 그 말을 그대로 지킨다.

문해력이 있으면 늦게 시작해도 따라잡는다

중학교 3학년 때까지 수능 영어를 완성한다는 것은 고등학생 때는 자기 주도로 스스로 학습할 수 있다는 뜻이다. 혼자 공부할 수 있는 공부법을 터득하게 되는 것이다. 그러면 중학교 3학년 때 학원에 다니기 시작해서 수능 영어까지 완성하는 것도 가능할까? 수능 영어는 언어능력과 직결되는 문제라서 일반화하기는 힘들다.

다만, 통계적으로 그렇게 늦게 영어 공부를 시작한 아이치고 언어 능력은 되는데 영어만 늦게 시작한 경우는 드물다. 만약 중학교 3학년 때 클라이영어를 시작했다면 고등학교 1학년이 돼서 선택적으로 1년 더 학습할지 결정하면 된다.

과학고를 준비하는 아이 중에는 영어를 소홀히 해서 학원에 늦게 찾아온 아이들이 간혹 있다. 그 아이들은 언어능력, 사고력이 부족한 건 아니어서 문장 분석과 기본적인 어휘만 잡아주면 성적이 팍 오르는 경우가 대부분이다.

태민(가명)이는 과학고를 준비하기 전 중학교 2학년에 영어학원을 처음 온 아이였다. 책을 읽는 걸 좋아하고 수학만 공부했지, 영어에 시간을 따로 투자해서 공부해본 적이 없었던 아이다. 과학고를 준비하는 아이 중에 영어학원을 다닐 시간이 없는 아이들이 은근히 많다. 수학에 엄청난 시간을 투자하기 때문에 영어학원 다닐 시간이 부족해서 영어 과목은 뒷순위로 미루는 것이다. 이런 아이들 중에는 중학교에 입학해서야 영어를 시작하는 아이들도 많다.

태민이는 be동사, 일반동사를 알고 있는 정도의 수준으로 중등 입문 정도의 개별 맞춤으로 공부 커리큘럼을 짰다. 중학교 3학년에는 영어, 국어 등 다른 모든 학원은 중단하고 수학만 하루종일 해야 할 가능성이 커서 1년 만에 수준을 끌어올려야 했다. 이 아이는 문해력이 갖춰져 있어서 문법과 작문에서 원리를 잡아주니까 훈련을 계속하면서 수학을 다루듯이 영어를 정복해갔다. 문장 분석이 가능해지면서 덩어리가 눈에 들어오면 문장이 저절로 분해

돼서 그때부터는 엄청 쉬워진다. 이러면 모의고사도 내신도 잘 따라잡을 수 있게 된다.

태민이는 처음에 레벨 테스트에서는 예상 등급 7등급이었다가 3개월에 한 번씩 보는 예상 모의고사에서 90점을 넘어 상대평가 기준으로 2등급까지 받아냈다. 기초 수준의 아이가 1년 만에 일정 수준까지 올라선 것이다. 이렇게 중학교에서 뒤늦게 시작해 어느 정도까지 갈 수 있을지는 학생 개인의 언어능력과 밀접한 관련이 있다.

원래 글쓰기란 독해 이상의 단계이지만, 수능 영어에서의 작문은 설득하는 글쓰기 같은 게 아니기 때문에 수능에 한해서는 독해가 언어적 수준은 더 높다고 할 수 있다. 아이들이 독해 지문을 봤을 때 무슨 말인지 파악하기 힘든 경우가 있는데, 이건 한국어 해석을 봐도 마찬가지다. 내용 자체가 이해하기 힘든데 모국어가 아닌 영어로 되어 있다면 더욱 의미 파악은 어려울 것이다. 그래서 독해력은 영어적 해석이 아니라 문해력, 리터러시(literacy)다. 드문 케이스이긴 하지만, 언어적 능력으로서 문해력이 되는데 단지 영어 공부를 늦게 시작한 아이라면 실력 향상이 금방 될 것이다.

"온라인 교육이요? 딴짓하면 어떡해요"

• • •

부모는 학원을 계속 보내는데 아이는 마음속에서 영어 공부를 놔버린 경우가 종종 있다. 그 이유는 보통 공부하기 싫은 게 아니라 공부하는 방법을 몰라서 그런 것이다. 학생이라면 '공부를 해야 된다'는 생각은 다 있고, 공부가 안 되면 굉장히 불안해한다. 상담을 해보면 불안하지만 애써 회피하고 외면하는 것이 느껴진다. 애초에 공부를 포기하는 것이 아니라, 수업 진도가 나랑 안 맞는데 안 맞는 걸 자꾸 진행하니까 그 안에서 좌절과 절망을 느끼면서 '나는 안 되는 아이구나' 하고 포기로 이어지는 것이다. 따라잡을 수도 없는 상황이기 때문에 아이 입장에서는 불가피한 상황인 것이다.

'의지만 있으면 할 수 있지'라는 건 옛날 방식에 익숙한 어른들의 생각일 뿐이다. 나랑 안 맞고 모르는 걸 계속 진행하면 처음엔 작은 격차였다가도 수업이 진행될수록 그게 눈덩이처럼 불어난다. 그러면 정말 걷잡을 수 없게 되는데 일대일 수업이 아니니까 선생님은 잡아줄 수도 없는 상황이라 어찌하지 못한다. 수업을 계속 진행해야 하는데 한 아이만 붙잡고 가르칠 수는 없기 때문에 어쩔 수 없이 포기하는 상황에 내몰리는 것이다.

본인이 뒤처진다는 불안감은 아이나 어른이나 똑같다. 어른들도 할 일이 있는데 안 하면 불안한 것처럼, 아이도 자신의 할 일이 공부라는 걸 아는데 그걸 안 하고 있을 때 친구들보다 뒤처지고 있다는 좌절감을 많이 느낀다.

프로그램 개발 전, 상담할 시간이 부족했을 때 나는 이걸 '하기 싫어'를 선택한 아이의 문제라고 생각했다. 그런데 프로그램 개발 후 본격적으로 상담할 시간을 확보하고 나서 들여다보니까 아이들의 마음속에는 불안감이 있었다. "(할 수 있지만) 이건 내가 안 하기로 선택한 거야"라고 말로만 센 척하는 모습이었던 것이다. 그러나 개별 맞춤으로 진행되는 예습, 본 수업, 복습을 경험하고 나자 이런 아이들도 눈빛이 달라지기 시작했다. 뭘 해야 할지 알게 되면서 자기 주도성을 회복하고 눈이 반짝거리기 시작한 것이다.

'강의 통제 시스템'으로 딴짓을 방지한다

대부분의 학원이 복습은 중요하게 다루지만, 예습은 상대적으로 신경 쓰지 못한다. 그러나 클라이영어에서 예습은 중요하다. 개인 진도에 따라 문법 개념 강의를 집에서 미리 듣고 와야 한다.

교육의 첫 번째 단계는 지식 전달이다. 영어 공부의 80%는 훈런이라고 하지만 이게 제대로 이루어지지 않는 것은 지식 전달부터 제대로 안 됐기 때문이다. 당연히 체화하는 훈련이 잘될 리가 없다. 머리에 제대로 남아 있는 게 없으면 교정 지도를 할 것도, 테스트를 하면서 장기 기억에 남길 것도 없을 것이다. 개별 과외를 하는 경우에도 될 때까지 붙들고 설명해주지 않는 이상 이 문제는 해결이 안 된다.

예습에 대해서 이야기하면 많은 부모님들이 온라인수업에 집중하지 못할까 봐 꺼려하는 모습을 보인다. 사실 집중력에 대한 부분은 대면 강의에서도 항상 고민하던 것이었다. 프로그램 개발 전에는 이 부분이 안타까워서 학생들을 붙잡고 질문을 던지곤 했다.

나는 이것을 온라인에서도 그대로 구현하기 위해 돌발 질문 방식의 '강의 통제 시스템'을 만들었다. 아이들이 강의를 들을 때 강사가 "이거 필기하세요"라고 멘트를 던지면 학생들은 반드시 필기하고 숙지해야 한다. "현재완료는 과거뿐만 아니라 현재의 정보도 담고 있다"라는 내용을 필기하라고 했다면 강의를 듣다가 중간에 갑자기 이 내용으로 돌발 질문이 튀어나온다. 필기하라고 주의 환기를 줬던 내용을 맞히는 테스트다.

아이들은 자신의 진도에 맞는 강의를 듣는데 5~7분 간격으로 돌발 질문 창이 뜬다. 이 돌발 질문은 단순히 영어 지식이 있다고 해서 풀 수 있는 문제가 아니다. 필기하라고 했던 것과 핵심 내용에서 문제를 출제하는 것이라서 학생들은 집중해야만 맞출 수 있다. '현재완료 네 가지 용법은 완료, 경험, 계속, 결과'라는 식으로 필기했어야 하는데, 강의를 틀어만 놓고 딴짓을 하다가 못 맞췄다면 다음으로 이어지지 못하고 강의를 다시 들어야 한다. 클라이엉어에서는 스킵 기능이 없으며, 이때는 초기화 버튼만 활성화된다.

온오프라인을 막론하고 어떤 수업 방식을 취한다고 해도, 학생이 눈앞에 있을 때조차 우리는 학생들이 집중한다고 장담할 수 없다. 대면 수업에서도 선생님과 눈을 마주치며 고개를 끄덕이지만 머릿속으로는 딴 생각을 하는 아이들은 아주 많다. 온오프라인 수업의 차이는 얌전히 있으면서 딴 생각을 하느냐, 대놓고 눈에 띄게 딴짓을 하느냐의 차이일 뿐이다. 대면 수업에서 어떻게든 아이들의 집중력을 끌어올리는 것은 모든 선생님들의 숙제다.

강의 통제 시스템으로 집중력을 해결할 수 있다면 지식 전달형 수업은 굳이 대면 수업으로 할 필요가 없다. 강의 통제 시스템에는 건너뛰기가 불가능한데, 오히려 대면 수업 때 선생님을 쳐다보면서 아이들은 머릿속으로 스킵할 수가 있다. 돌발 질문으로 이 집중력 문제를 해결하고 나니 온라인 강의의 장점을 십분 활용할 수 있게 되었다. 첫 단계의 지식 전달이 잘 이뤄지고 나서 학원에 오면 이해 못하는 부분을 피드백 수업을 통해 교정할 수 있다. 이로써 아이들은 문법적인 이론을 제대로 잡을 수 있다.

지식 전달이 제대로 돼야 하브루타도 가능하다

기존의 온라인 프로그램을 보면 "우리는 완강률이 높습니다"라고 홍보하는 경우가 있는데, 그것만으로 교육의 아웃풋이 좋다고 말할 수는 없다. 그건 기본적으로 자기 주도력이 있는 아이들에게 맞춘 것이라 할 수 있다. 실제로 강의를 집중해서 들었고 제대로 강의 내용을 이해하고 있는지는 알 수 없다. 그저 잘 가르치는 강사의 잘 구성된 쇼를 보는 것일 뿐인 경우가 많다. 체화해서 자기 것으로 만들어야 한다는 걸 고려하지 않는 것이다.

내가 현실화시킨 영어 완전학습 프로그램은 예습과 복습을 자동화시킨 것이다. 강의 통제 시스템은 특허출원 중인데, 돌발퀴즈 덕분에 아이들은 본 수업을 들을 때까지 적어도 하나 이상은 지식을 얻어온다. 선생님의 워딩 안에 문제의 답이 있어서 이걸 맞추고 다음 구간의 강의를 듣는다는 것은 본 수업에서 선생님과의 일대일 수업이 준비됐다는 뜻이다. 학원에 오면 아이들은 예습 내용에 대한 테스트를 하고 본 수업에 들어오며, 틀린 문제에 대해 학생이 선생님에게 왜 틀렸는지 직접 설명하고 피드백 받는 하브루타 수업을 받는다. 이로써 결국 메타인지 학습이 가능해지는 것이다.

메타인지는 아는 것과 모르는 것을 구분하는 것부터 시작된다. 틀린 문제를 왜 틀렸는지 스스로 설명할 수 있으면 그건 제대로 이해하고 있는 것이다. 게다가 추가 학습 시간에는 그날 배운 것에 대한 응용 단계까지 무조건 복습하기 때문에 완전학습이 완성되는 것이다. 필요하면 보충수업 시트까지 출력되는데, 이런 모든 것은 선생님이 수작업으로 하던 것을 자동화한 것이다. 덕분에 선생님은 코칭에 집중할 수 있다.

하브루타 수업은 그 자체로서 학습 역량을 입증하는 현장이 된다. 클라이영어의 본 수업은 아이들이 설명하는 모습을 영상으로 찍으면 그대로 부모님들께 보여드릴 자료가 된다. 내가 프로그램 개발을 종료하고 인천 본원에 원장으로 복귀했을 때 매주 학습 레포트와 함께 이 영상들을 보내드렸는데, 그 후로는 학부모로부터 전화가 오지 않았다. 그전까지는 전화가 쉴 틈이 없었고 데스크는 그것 때문에 정말 바빴던 것에 비하면 확연히 달라진 변화였다.

전화기에 불이 나면 소통을 잘 하는 걸까

부모가 학원에 전화를 하는 이유는 "너무 좋아요" 같은 말을 하기 위해서가 아니다. 컴플레인을 말하기 위해서인데, 그중 대부분은 아이의 상태를 알고 싶다는 궁금증이 주된 이유다. 학원에서 잘하고 있는지 확인받고 싶은데 확인이 안 되니까 '믿어도 될까? 계속 보내? 말아?' 이런 고민을 하다 전화하는 것이다.

부모와 전화 상담을 한다는 건 학원 입장에서 엄청난 업무량이다. 보통은 공강 시간을 이걸로 다 보낸다. 그렇지만 완전학습 자동화 시스템을 도입한 후에는 부모와의 상담 업무가 확 줄어들어서 오히려 학생과 상담할 수 있는 여유가 생겼다. 보통은 원장들이 아이의 상태를 말로 전달하는데, 하브루타 수업 영상 덕분에 우리 학원은 그야말로 조용해졌다. 어떻게 보면 잘 되는 학원이란 '조용한 학원'일지도 모른다. 예전에는 대화가 소통이라고 생각했는데,

진짜 원하는 걸 보여주고 자료를 제시하는 것이 진정한 소통이자 실질적인 역량 입증이라는 걸 나도 그제야 깨달았다.

학부모가 직접 보고 싶은 것은 아이가 몇 점 맞았는지 볼 수 있는 시험지 같은 것이다. 물론 아이들이 매일 잘할 수는 없는데, 보충학습 시스템이 잘 되어 있기 때문에 걱정할 필요가 없다. 목표 정답률에 미치지 못하면 추가로 진행할 보충 시험지가 자동 출력된다. 한 달 동안 진행한 내용 중에 70점 이하인 단원들은 보충학습을 하고 사진으로 보내주니까, 부모님들은 불만이 생길 틈이 없다. 다른 학원으로 옮겨봤자 어차피 학습 과정에서 틀리는 건 나올 것이고 후속 조치까지 있기 때문에 옮길 필요가 없어진 것이다.

아이들은 개별 맞춤으로 선생님과 상담을 통해 학습량을 정하고 프로그램을 설정하는데, 여기에는 강제학습 기능이 탑재되어 매일 학습을 안 하고 넘어갈 수는 없다. 예를 들면 듣기는 세 문제를 하는데 문장 전체를 외울 때까지 한다, 단어 테스트는 스펠링이 100% 맞을 때까지 재시험을 본다 등 설정한 대로 도달해야 다음 단계로 넘어갈 수 있다. 대부분 프로그램들은 이 기능이 없어서 완전학습이 되지 않는다. 아이들이 공부하기 싫으면 임의대로 건너뛰어서 안 하게 되는 것이다. 그동안 온라인 학습이 도움이 안 된다는 이야기가 나왔던 것은 강제학습 기능이 없었기 때문이다.

숙제를 안 하던 아이가 유혹을 극복한 방법

• • •

강의 통제 시스템 덕분에 예습으로 하는 개별화 수업은 온라인으로 해결됐다. 완전학습의 첫 번째 조건인 사전 지식습득이 예습으로 진행되는 것이다. 그러면 이제 본 수업에서는 학생이 이해 못하고 있는 부분에 대해서만 선생님이 집중적으로 잡아줄 수 있게된다. 만약 학생이 여기서 못 따라온다고 하면 진도를 한 번 더 반복한다거나 다른 케어를 하는 게 가능하다.

앞서 살펴본 에드거 데일의 학습 효율성 피라미드에서 평균 기억률이 가장 높은 건 '서로 설명하기'였다. 강의만 듣는 것보다 배운 내용을 직접 이야기할 수 있어야 진짜 아는 것이 된다. 학생이 주도적으로 설명하는 하브루타 수업에 대해 이야기하면, 학생들은 어설프게 아는 게 아니라 확실하게 알고 넘어가는 학습법으로 공부하기 때문에 수업은 아주 적극적인 분위기로 진행된다. 한 학생이 자신의 틀린 문제에 대해 선생님에게 발표할 동안 다른 학생들은 각자 자기 발표 내용을 연습하느라 딴 생각할 여유는 없다.

완전학습 자동화 시스템에서는 본 수업에 들어가기 전에 사전 학습이 또 있다. 예습한 내용을 테스트하는 것인데 이렇게 두 번이나 지식 전달 과정을 거치기 때문에 본 수업이 원활히 진행된다. 아이들이 해야 하는 숙제는 문법 개념 강의를 듣는 것과 관련 문제를 푸는 것, 독해 문장을 스스로 해석해서 오는 것이다. 이걸 미리 해놔야 수업의 질이 높아진다.

그렇다면 숙제를 안 해오는 아이도 있지 않을까 생각이 들 것이다. 실제로 30% 정도는 숙제를 안 해온다. 그런 아이들조차 성적이 오르는 이유는 바로 사전 학습이 준비되어 있기 때문이다.

숙제를 안 해오면 사전 수업이 커버한다

본 수업을 하기 전, 1시간 동안 사전 학습이 준비되어 있다. 이미 개념 강의를 듣고 온 아이들은 그 시간에 테스트를 보지만, 숙제를 안 해온 아이들은 그 시간에 예습했어야 할 온라인 강의를 듣고 관련 문제를 풀고 독해 해석을 한다. 본 수업에 들어올 때 최대한 지장이 없게 공부를 시키는 것이다. 원래 했어야 하는 평가 테스트는 본 수업이 끝난 다음 복습 시간에 이어서 하면 된다.

결국 복습 시간이 길어지게 되는데, 다 못 끝낸 건 다음날 와서 보강을 해야 한다. 이때 복습은 자동화 시스템으로 이뤄지기 때문에 강사의 다른 반 수업에는 영향을 끼치지 않는다. 만약 자동화 시스템이 없다면 아이가 복습하러 다른 날 왔을 때 학원은 비상이

걸릴 것이다. 그 아이에 맞춰서 관리하고 케어하기 위해 시간과 에너지를 따로 써야 하기 때문이다.

학습 습관이나 태도 면에서 볼 때 숙제를 안 해오던 아이가 갑자기 극적으로 바뀌는 일은 드물다. 대신에 그걸 아이들 탓으로 돌리는 게 아니라 예습이 잘 안 됐을 때도 수업이 원활해지도록 구성한 것이 사전 수업이다.

그전에는 아이들이 숙제를 안 해왔을 때 '그냥 대충 시간만 때우면 돼'라고 생각하며 수업을 들었을 것이다. 이제는 '내가 숙제를 안 해오니까 복습 시간이 길어지는구나' 하고 깨닫는다. 절대 그냥은 못 넘어가기 때문이다. 완전학습이 되도록 시스템이 촘촘하게 구성되어 있어서 아이들은 빠져나갈 구멍이 없다고 이야기한다.

영포자가 생기는 것은 한마디로 '몰라서'다. 어차피 못한다는 생각이 드니까 하기 싫어지는 것이다. 절망감과 좌절을 느끼는데 어떻게 해야 잘하게 되는지 해결 방법도 모르니 포기 단계로 갈 수밖에 없다. 그러나 시스템이 바뀌고 100% 의무적으로 복습을 하니까 아이들은 경쟁적으로 공부를 하기 시작했다. "야, 너 얼만큼 남았어?" 물어보면서 서로 빨리 끝내고 가려고 한다. 딴짓할 시간이 없다. 완전학습의 결과를 직접 맛보면 아이들은 이게 도움이 된다는 걸 알게 되고 스스로 열심히 하는 변화를 보인다. 그 결과들은 나뿐 아니라 많은 학원장들이 직접 보면서 놀라워하는 모습이다.

영어학원을 처음 다녀본 초등 5학년

가온(가명)이는 다른 지방에서 전학 온 초등학교 5학년 아이로, 영어학원을 다녀본 적이 없고 학습지만 해왔다. 그전에 살던 곳에서는 교육열이 과하지 않았고 딱히 공부를 시키지 않아서인지 영어를 겨우 읽을 수 있는 상태였다. 가온이의 레벨에 맞춰서 개별 진도를 나가기 시작했는데 본 수업 시간에 질문을 하면 대답을 못 했고, 숙제는 계속 안 해왔다.

하브루타 수업에서 학생이 스스로 설명을 못 할 경우 그건 설명력이 부족한 것이 아니라 모르기 때문이다. 어차피 진도는 개별 맞춤이기 때문에 소화할 정도의 수준을 학습한다. 설명이 안 된다는 건 과제를 제대로 안 했다는 것이고 그건 습관과 태도의 문제였다. 강의를 안 듣고 왔다는 게 명백했다.

가온이와 이 부분에 대해 상담해보니 집에서 공부가 안 되는 것을 발견했다. TV, 게임, 유튜브, 틱톡 등 수많은 유혹을 헤쳐가면서 자기가 할 일을 해내지 못한 것이다. 이때 아이의 의지 문제로만 치부하면 해결이 안 된다. 누구나 각자 공부가 잘 되는 곳이 따로 있다고 생각한다. 그래서 "너는 왜 집에서 공부를 안 하니?"라고 질책하지 않고 "집에서 공부가 안되는구나. 그럼 학원에서 하자"라고 제안했다.

그래서 본 수업이 있는 날보다 하루 전날에 과제하는 날을 따로 만들었다. 화목반인 아이를 월수에도 오게 했다. 학원에서 예습 숙제를 하기로 한 것이다. 그러면 유혹할 게 없으니 집중해서 할 수 있다. 과제만 미리 해도 수업의 질은 확 달라지니까 가온이도 점차 나아지기 시작했다. 사전 학습에서는 강의만 듣는 게 아니라 그 안에 나오는 이론 내용을 암기하고 문제를 풀어보게 하기 때문에 어느 정도 분석까지 미리 다 끝난 상태에서 본 수업에 들어오게 된다. 그러니 가온이도 점점 자신감이 생겼다. 틀린 걸 분석하기 시작했다는 건 벌써 메타인지가 생기기 시작했다는 걸 의미한다. 자신이 모르는 게 뭔지 알게 될 때 사람은 모르는 것에 집중하게 돼 있다.

학생이 설명을 잘 못 하는 것을 단순히 설명력이 부족하다고 봐버리면 해결 방법이 없다. 그걸 타고난 능력으로 볼 것이 아니라 습관을 잡아야 하는 문제로 봐야 한다. 학원이든 집이든 아이가 과제를 안 한다면 환경을 조성해주는 데 집중해야 한다. 처음에는 습관이 잘 잡히지 않아서 가온이도 추가 학습 시간에 복습을 못 끝내는 경우도 많았는데, 그럴 땐 다른 날 와서 나머지를 완료했다. 사전 학습과 본 수업에서 점점 자신감이 붙으니까 추가 학습을 완료하는 것도 나중에는 스스로 잘하게 됐다.

성적이 오르는 건 정말 열심히 하기 때문

사전 학습을 할 경우에는 두 가지 큰 효과가 있는데, 첫째는 궁금증과 호기심을 키우는 것이다. 예습은 100% 다 알아내라는 것이 아니다. 본 수업을 하기 전에 어떤 내용을 배우게 될지 더 알고 싶다는 궁금증을 키우면 된다. 둘째는 이런 사전 학습을 통해 핵심을 숙지하고 나면 본 수업을 들을 때는 결과적으로 복습 효과가 이뤄진다. 이 두 가지 장점을 취하는 사전 학습 단계는 굉장히 중요하고도 효과적인 공부법이다.

결과적으로 가온이는 월요일부터 목요일까지 모두 학원에 와서 공부했고 어떨 땐 금요일에도 와서 나머지 공부를 했다. 학습량이 처음엔 많은 것 같지만 신기한 건 적응하고 나면 본인이 와서 개수를 올려 달라고 한다는 것이다. 본인도 할 만하다고 생각할 정도로 수준이 오른 것이다. 칭찬도 많이 해주었다.

가온이가 했던 학습량을 보면 어휘는 누적 단어까지 포함해서 하루에 200개씩 학습했다. 하루에 200개씩 외운다고 하면 '저걸 어떻게 하지?' 싶은데 누적 학습을 하기 때문에 어렵지 않다. 처음에 신입생으로 오면 기본적인 설정은 새로운 단어 30개, 누적 단어 90개를 학습한다. 이렇게 하면 90개의 누적된 단어는 완벽하게 외워서 체화됐기 때문에 충분히 시간 안에 끝낼 수가 있다. 나중에는 아이들이 스스로 개수를 올려 달라고 하기 때문에 새로운 단어를 하루에 50개씩 외우게 된다. 그래서 결과적으로 하루에 200개를 학습하는 것이다.

만약에 누적 테스트가 없다면 일주일만 지나도 외웠던 단어가 새로운 단어를 보는 것과 똑같을 것이다. 망각곡선을 제시한 에빙하우스는 3~4회 반복해서 암기하지 않으면 누구나 까먹는다고 이야기했다. 그래서 누적 학습이 아니면 의미가 없다.

가온이는 독해의 경우도 어순을 체화시키는 스위치 학습으로 작문까지 연결해서 열심히 했다. 집도 가까워서 매일 와서 학습량을 끝까지 소화했다. 그러자 어느 순간부터 말 덩어리들이 박히면서 독해는 물론 작문 실력까지 엄청나게 늘었다. 리스닝도 마찬가지로 통번역으로 작문까지 연결해 연습했고 문법도 작문과 연결했다. 사실 쓰기는 언어 영역 중에서 가장 상위 영역이라 이것만 되면 다 된다고 볼 수 있다. 글로 쓰는데 말을 못할 리 없고 독해(읽고 이해하기)나 문법을 모를 리 없다.

YBM이 개발·시행하는 JET(Junior English Test)라는 영어 인증 시험이 있다. 초중학생들의 영어 실력을 객관적으로 평가하는 시험인데, 가온이는 1년 후 이 시험에서 고급 1급에 합격했다. 파닉스만 끝내고 온 아이가 6학년 초에 중등 입문 수준까지 간 것이다.

'공부의 신'으로 불리는 교육 컨설턴트 한 분이 이에 대한 의견을 주었는데, "학생이 스스로 공부하고 문제를 풀어보고 설명해내는 방식으로 계속 노력해가다 보면 능동성과 창의성을 기를 수 있다. 앞으로 미래 인재에게 요구되는 능력이다"라고 했다. AI와 로봇이 사람을 대체하는 시대가 오더라도 능동성과 창의성을 갖춘 인재는 대체할 수 없는 존재가 된다. 이런 방식이 보편화되면 전통적인 교사의 역할에도 변화가 생길 것이다. 예전처럼 그저 가르치는 데만 집중하는 것이 아니라 아이들이 스스로 학습하고 능력치를 끌어낼 수 있도록 코칭 역할을 하는 것이다.

영어를 늦게 시작한 아이의 진도 따라잡기

• • •

기초가 부족해서 영어 점수가 40점, 60점이던 아이들이 클라이 영어의 자동화 시스템으로 공부한 뒤 80점, 90점으로 성적이 오르는 경우는 흔하다. 이것은 영어의 6개 영역에서 골고루 학습이 되지 않으면 나올 수 없는 결과다. 문법 개념 강의만으로는 해결이 안 되는 문제들이 있는데, 대표적으로 독해가 그렇다. 독해 문장의 해석은 본인이 단어를 찾아가며 직접 해석해봐야 실력이 늘 수 있다. 스스로 문장구조를 완전히 분석해보는 훈련을 해야 성장하는 영역이 독해다. 그래서 클라이 시스템에서는 독해 강의를 하지 않는다. 대신 학생들이 해석하지 못하는 것만 일대일로 교정해주고 피드백해주는 수업을 한다.

예습 강의를 들으면서 교재에 미리 숙제를 해오고 학원에서 다시 문제를 푸는 것이 문법 학습 루틴이라면, 독해는 교재에 직접 해석해보는 예습을 해온 다음에 학원에 와서 프로그램으로 점검해보는 것이 루틴이다. 문장별로 '스위치 학습'을 하면서 작문 단계까지 해보는 것이 그 내용이다. 독해로 해석을 해봤으면 거꾸로 한 글 문장을 영작으로 번역하는 훈련을 시키는 것이다.

문법 작문과 독해 작문은 학습적으로는 조금 다르다. 문법 작문은 수학 공식처럼 주어진 것을 짜맞추는 것이고, 독해 작문은 굉장히 많은 다양한 표현을 접하기 위한 학습이다. 구어체가 들어갈 수도 있고 문법만으로는 구현할 수 없는 문학적인 표현을 접할 수도 있다. 정말 많은 단어와 문장을 단기간 안에 접해보고 훈련하는 기회가 되기 때문에 영어 학습에 아주 효과적이다.

많은 아이들이 독해가 잘 안 되는 이유는 하나다. 영어 어순에 대한 체화가 안 된 것이다. 그래서 우선은 의미 덩어리로 묶어서 끊어 읽는 청킹(chunking)을 할 줄 알아야 한다. '집(home)'이 아니라 '집에(at home)'로 묶는 것이다. 이때 전치사와 명사를 묶어서 한 번에 해석해야 한다. 이런 작업들에 익숙해지면서 문장구조를 잡아줘야 질 좋은 해석을 할 수 있다. 한국어 어순이랑 영어 어순이 다른 걸 느끼지 못하면 아이들은 의미 파악하는 걸 힘들어한다.

독해와 작문을 한 번에 해결하는 '스위치 학습'

클라이 자동화 시스템에서는 문법과 독해를 연결하고 독해와 작문을 연결해서 학습한다. 문법, 독해, 작문 훈련을 할 때는 오늘 배운 수업에서 나온 핵심 문장이 나올 수 있게 했다. 그리고 한글만 읽을 줄 안다면 영어가 되도록 뇌의 회로를 바꾸는 스위치 학습을 특화했다(특허등록).

아이들은 1단계를 통해 영어식 청킹 훈련을 하고, 2단계에서 국어 어순을 영어 어순으로 바꾼 뒤에 작문하도록 한다. 영어로 말하기, 쓰기가 되는 새로운 언어 체계를 완전히 체화하는 것이다.

1. 그는 그 단지 안에 씨앗들을 심었습니다.
2. 그는 심었습니다. 씨앗들을 그 단지 안에
3. He plants the seeds in the pot.

위 1번과 2번, 3번 문장은 차이가 있다. 우리는 보통 1번에서 3번으로 중간 과정 없이 영어를 바로 들이댄다. 한국어 언어 체계가 젖어 있기 때문에 영어식 언어 체계가 바로 떠오르지 않는데도 그렇게 한다. 언어 체계가 1번으로 잡혀 있는데 3번부터 바로 들이밀면 아이들 입장에서는 독해도 작문도 쉽지가 않다. 이 교차되는 과정을 잡아주지 않으면 소용이 없단 생각이 들었고, 그래서 개발한 것이 스위치 학습이다. 영어가 가능해지도록 뇌의 회로를 바꿔주는 훈련을 하는 것이다. 이런 훈련이 거듭되면 초등학교 저학년 아이들도 문장 분석을 기가 막히게 할 정도로 검증된 학습법이다.

먼저 한국어 해석이 나오면 아이들은 그걸로 영어식 청크 훈련을 한다. 다음과 같이 영어 단위의 말 모듬으로 끊어주는 연습을 하는 것이다.

나는 / 주방 안에서 / 이상한 소리를 / 들었다.

그다음에는 한글 문장을 국어 어순에서 영어 어순으로 바꿔서 배열해보는 훈련을 하고, 마지막으로 청크 단위로 영작을 한다.

나는 / 들었다 / 이상한 소리를 / 주방 안에서
I heard a strange sound in the kitchen.

이렇게 변환시키는 과정을 잡고 나면 국문과 영문을 동시에 보며 말하기를 녹음한다. 작문과 말하기를 연결시켜서 진행하는 것이다. 아이들이 틀렸던 부분들은 자동으로 학습 기록이 남기 때문에 선생님은 미흡한 부분들을 집중적으로 케어해줄 수가 있다.

이전에는 이런 어순 체화 단계를 학습하지 못했다. 수업할 때 화이트보드에 쓰면서 샘플로 몇 개 해볼 수는 있었지만 하나하나 모든 문장을 모든 아이들이 해볼 수는 없었다. 아이들이 독해에서 해석이 안 되는 부분을 각각 집중해서 봐주는 것도 여건상 할 수가 없었다.

해석과 청킹은 이전에도 숙제로 시키긴 했지만, 작문으로 들어가면 한국식 사고가 이미 박혀 있는 아이들에게 즉시적으로 영어가 튀어나오는 것은 쉽지 않았다. 한글을 보고 이 문장이 영어식으로 바뀌어가는 과정을 프로그램에서 한 번 잡아주었더니 아이들은 독해를 할 때도 영어 문장을 읽으면서 끊어서 볼 수 있게 됐고 해석할 때도 어려움이 점점 사라지게 되었다.

청킹을 하고 한글을 영어식 어순으로 바꾸고 나서 영어로 표현하는 과정은 영어식 사고로 전환하는 과정이다. 이걸 프로그램이 시키기 때문에 하기 싫어하는 아이들과 실랑이를 벌일 일도 없다. 아이들은 엄청나게 많은 문장을 접하고 청킹, 문장구조 분석, 작문까지 디테일하게 훈련하기 때문에 영어가 늘 수밖에 없다.

알파벳만 알고 온 초등 4학년의 중등 입문기

알파벳만 겨우 알고 학원에 왔던 민서(가명)는 초등학교 4학년이었다. 2학기가 끝나갈 무렵이었는데, 처음 2주 동안은 파닉스를 하고 완료시켰다. 파닉스 6개월 과정 중에서 기본 자음과 기본 모음만 진행했는데, 주 5회 매일 나오면서 하루에 소화할 양을 다른 아이들보다 늘렸다. 이미 고학년이기 때문에 저학년과 달리 학습량을 늘려도 되는 상황이었고, 기본적으로 영어를 읽을 수 있는 수준까지만 파닉스를 잡았다. 발음을 유창하게 하는 게 주요 목적은 아니었기 때문에 바로 또래 아이들의 수업을 진행했다.

알파벳만 알고 있던 민서는 당연히 청크 단위를 몰랐다. 그래서 스위치 학습으로 말 덩어리를 묶고 어순을 바꾸는 훈련을 계속해 나갔다. 저학년도 파닉스만 끝나면 청크 훈련을 하기 때문에 무리는 없었다. 저학년 영어에서는 '나는 학교에 간다' 수준이기 때문에 가능하다. 덩어리로 묶고 어순을 바꾸고 영작한 다음에는 동시통

역하듯이 말로 연결하는 훈련까지 반복했다. 입에 말이 붙어야 영작도 하고 리스닝도 같이 잘할 수 있기 때문이다.

민서는 어휘 학습도 단시간 안에 엄청나게 늘렸다. 단어 암기만큼은 주 5회 동안 매일 와서 했다. 처음 학습을 시작할 때 "40분 만에 다 할게요", "1시간 안에 다 할게요"라고 선생님과 학습 설정을 정하는데(만약 50분이 넘어간다면 레벨이 안 맞는 것으로 보고 조정한다) 딴짓할 틈 없이 열심히 어휘를 쌓아갔다.

아이들이 모국어를 습득할 때 6세 정도 아이는 평균적으로 2만 개 정도의 어휘에 노출된다. 듣는 개수가 그런 것이고, 이때 구사할 수 있는 표현 어휘는 약 3,000개 정도. 모국어가 아닌 사람의 영어 학습에서도 빠르게 어휘 습득을 3,000개까지 늘리는 것이 중요하다. 그 상태가 되면 문장 수준의 말을 할 수 있게 된다. 그래서 늦은 아이일수록 단어 암기는 빨리 진행해줘야 한다.

그런데 영단어라는 게 파닉스 원리대로 모두 읽히는 것이 아니라서 두 달 동안은 소리만 듣고 글자와 뜻을 고르는 테스트를 진행했다. 스펠링 시험이 아니라 소리로 듣고 단어를 인식하는 훈련이다. 이러면 소리와 단어를 연동시켜서 읽는 응용이 가능하게 된다. 세 달째부터는 스피킹 시험에 들어갔는데, 작문과 연결시키기 위해서였다. 중3까지 수능 영어를 완성하려면 5학년을 앞둔 상황에서 시간이 별로 없었다.

듣기도 처음에는 자동완성으로 딕테이션 훈련을 했다. 소리에 집중해서 훈련하기 위해 첫 철자만 쓰면 나머지 스펠이 자동완성되는 설정이었다. 듣기 문제를 5개씩 풀었는데 당연히 처음이라 다 틀릴 때도 많았다. 그럴 때는 1개만 골라서 훈련했다. 원래는 3개 이상 틀리면 3개를 훈련하는 것이 기본 설정이지만, 이 아이는 틀리는 대로 다 학습하면 너무 질려서 포기할 수 있기 때문에 딱 1개만 집중적으로 파는 전략이었다. 70점 이상 넘어갈 때까지는 이걸 반복했다.

그리고 작문 단계에서도 처음엔 자동완성으로 설정해서 스펠링 첫 글자만 쓰면 완성되는 훈련으로 했다. 정확한 문자를 쓰는 것보다 처음에는 영어의 감을 익히고 문장구조에 익숙해지는 방향으로 잡아준 것이다. 민서 같은 경우에는 통작문을 하면 너무 힘들어서 포기하기 쉽지만, 스위치 학습으로 독해에 익숙해지다 보니 문장을 배워가면서 점점 문자에 익숙해졌다.

기초가 없고 학년에 비해 레벨이 낮은 아이들은 어쩔 수 없다면서 학원에서 안 받아주는 경향이 있다. 어떻게 해줄 수가 없다는 것이다. 그러나 클라이 자동화 시스템이 완성되고 나니까 세부적인 설정이 가능해져서 이런 아이들도 재밌어하면서 학습할 수 있게 되었다. 자기가 알아서 보충학습을 하고 못 끝내면 다른 날에 와서 또 공부하는 일이 보통으로 벌어진다. 그런 모습에 부모님이 우선 너무나 놀라워한다. 민서는 그렇게 1년 만에 중등 입문의 독해까지 올라갔다.

'사랑리스트'로 빠짐없이 완전학습

• • •

　기초가 부족해서 진도를 따라가지 못하고 학원에서 들러리만 서고 있는 아이들이 없도록 클라이 시스템에서 따로 마련한 관리 프로그램이 있다. 기존의 학습 프로그램에서는 누가 학습을 다 못 끝냈는지, 얼마나 따라오고 있는지 한눈에 보이지 않으니까 상황을 파악하고 싶으면 일일이 로그인해서 들어가봐야 했다. 아이들이 100명이 넘는다면 이게 관리가 될 리가 없다. 그것도 6개 영역이 통합되어 관리되지 않으니까 영역별로 한 사람씩 로그인하면 600번을 들락날락해야 한다는 뜻이 된다.

　실제로 공부를 시키다 보면 변동 사항이 정말 많다. 하루에 2, 3단원씩 나갈 수 있는 아이들도 있지만 하루에 단원 하나도 끝내기 버거운 아이들도 있다. 거기다가 갑자기 실력이 늘어서 원래 하던 공부량이 부족해지는 아이들도 있다. 이런 변수를 그때그때 조절할 수가 없어서 클라이영어에서는 개별 학습 개별 진도이면서 본 수업과 연계되는 통합적인 관리 시스템을 만든 것이다. 그중에 학습에 문제가 있는 학생들을 한눈에 파악할 수 있는 '사랑리스트' 기능이 있다. 학생들의 학습 태도와 진행 상황을 분석해 진행률이 미달이면 하트 표시가 뜬다. 수업 진행률, 숙제 진행률, 목표 점수 미달자, 온라인 학습 미완료자 등 관리가 필요한 대상자를 리스트로 출력할 수 있기 때문에 즉각적으로 파악하고 관리할 수 있다.

시스템을 개발하기 전까지는 어떤 선생님이냐에 따라 관리의 질이 달랐고 그 기준도 객관화돼 있지 않았다. 학습에 문제가 있어서 별도의 관리가 필요한 아이들이 분명히 있는데도 그것을 실시간 파악할 수 있는 방법이 없었다. 파악이 안 된다면 사랑이 많이 필요한 그 아이들은 케어받지 못하고 소외되어 영어를 포기하게 되거나 학원을 그만두는 결과로 이어질 것이다. 한 그룹의 아이들은 한 번 프로그램이 세팅하면 잘하는 아이든 못하는 아이든 학생이 그 프로그램에 맞춰서 그대로 유지되는 상태였다.

학습을 못 하는 아이들을 파악해 그 아이들을 효과적으로 케어할 수 있는 개별 학습 조절 기능이 필요했다. 학습 상황에 따라 상담을 해서 난이도를 내린다든가 분량을 조정할 수 있고 학습 과정에서 벌어지는 특이 사항을 즉각 반영하기 위해 사랑리스트 기능이 개발되었다. 이로써 뒤처지는 아이들도 상황에 맞춰서 후속 조치가 가능해졌다. 나는 '학습 누락 학생 0%'에 도전하고 싶었다. 학생들에게 진짜 제대로 된 수업을 해주고 싶다는 마음이 강해서 '이쯤이면 됐어'라는 타협은 할 수가 없었다.

다양한 검색으로 학습 문제를 찾아낸다

사랑리스트를 기획하면서 디테일한 기능들을 신경 써서 만들었다. 학습 문제가 있는 학생을 파악하기 위해서 검색할 수 있는 다양한 장치를 마련했다. 지연율, 누적학습 진행률, 재시험 횟수, 정답률, 학습요일 일치율, 미완료 건수 등이다.

첫째, 지연율은 진도가 늘어지는 걸 방지하기 위한 것이다. 레벨 테스트를 거쳐 예상성취 등급 레포트가 나오면 여기에는 고등학교까지 남은 기간과 중학교 3학년까지 수능 영어 완성이라는 목표를 달성하기 위한 전체 커리큘럼이 뒤따라 나온다. 개별 맞춤으로 남은 기간까지 개별 진도가 자동화 시스템으로 완성되는 것이다. 만약 완전학습을 위해 이해가 잘 되지 않는 단원을 반복한다면 처음 짰던 커리큘럼에서 '일주일 늦어졌다', '한 달이 늦어졌다'는 식으로 어느 정도 뒤처졌는지 지연율이 뜬다.

선생님과 학생은 이걸 보고 긴장감을 갖고 보충을 해서라도 진도를 조정하게 된다. 클라이의 수업 관리 시스템은 학생마다 진도가 다르기 때문에 개인별로 오늘은 어느 수업을 해야 하는지, 복습은 어디까지 했는지, 뭘 많이 틀리고 어려워했는지 한눈에 볼 수 있다. 진도를 늦췄다 빠르게 했다 하더라도 전체 커리큘럼과 유기적으로 연결되어 있어서 바로바로 학습 계획과 수업 목록이 바뀌기 때문에 미세 조정에는 문제가 없다. 따라서 선생님들은 어떻게 케어할지 정확한 처방을 즉시 실행할 수 있다.

둘째, 누적학습 진행률을 검색하면 진행이 제대로 안 되고 있는 아이들을 알 수 있다. 지금까지 해야 하는 학습을 모두 했으면 100%가 떠야 하는데 70% 미만인 아이들이 있다. 그 아이들은 따로 케어가 필요하다. 상담을 통해서 집중하지 못하는 이유를 찾아보고 너무 심하게 밀려 있는 경우에는 엄두가 안 날 수도 있으므로 계획을 재설정해서 세팅을 바꿀 수도 있다.

셋째, 미완료건수를 검색하면 예습 강의, 본 수업, 복습해야 할 학습을 모두 통틀어 아이가 해야 할 학습 중에 아직까지 안 된 게 있는지 알 수 있다. 개별 진도이기 때문에 학생마다 오늘 수업을 무엇으로 할지도 이걸 통해 알 수 있다. 미완료 학습 내용을 보면 강의를 포함해서 영역별 온라인 학습들이 리스트로 나온다. 단어 시험을 아직 안 봤다든가 리스닝 훈련을 아직 안 했다든가, 독해 시험, 예습 등 온라인으로 이루어지는 학습 중에서 지금까지 안 된 게 몇 개인지 알 수 있다. 가끔 너무 심하게 밀렸을 때는 일단 넘기고 오늘 학습을 시작하는 경우도 있는데, 이런 변동 사항들을 다 파악할 수 있다.

넷째, 학습요일 일치율을 확인하면 당일 수업을 마쳤는지 체크할 수 있다. 만약 당일 진행률은 70%인데 최종 진행률은 100%라면 해야 할 날짜에 학습하지 않고 밀렸지만 어떻게든 보충을 해서라도 최종적으로 학습을 마쳤다는 뜻이다. 이럴 때는 '학습요일 불일치'를 보면 한 번 더 확인할 수 있다. 예를 들어 화목반인데 월수금에 왔다 간 경우가 얼마나 있는지 알 수 있다.

다섯째, 정답률을 보면 이해도를 확인할 수 있다. 숙제로 교재를 풀어올 때는 오답 개수를 무조건 입력하게 돼 있고, 그러면 정답률이 쌓인다. 예를 들어 가정법 단원을 지나왔는데 가정법 문제들의 정답률이 30%라면 제대로 이해하고 있지 못한 것이다. 이럴 때는 그 단원을 한 번 더 반복해야 할 것이다. 단원 정답률은 물론 특정 교재의 정답률도 산출되는데, 만약 교재 정답률이 낮으면 그 교재로 한 번 더 공부해야 한다. 진도가 좀 밀리더라도 완전학습이 더 중요하기 때문이다.

그밖에 목표 점수 미달 학생이나 재시험 횟수를 검색해볼 수 있다. 단어 시험을 보는데 목표 점수 100점을 맞을 때까지 재시험을 보는 걸로 설정해놓은 학생이 있다고 할 때, 열 문제 시험 보는데 열 번을 시험 봤을 수도 있다. 이런 데이터들은 개별 케어를 하는데 중요한 자료가 된다.

대면 학원이니까 가능한 휴먼 터치

이전에 수업관리 프로그램이란 게 없을 때는 어떤 아이가 "선생님 저 다 했어요. 집에 갈게요" 하면 지금 집에 보내도 되는지 바로 알 수가 없었다. 아이들은 다 했다고 생각해도 실제로는 아닐 수 있기 때문이다. 지금은 관리 프로그램에서 검색하면 온라인 학습 미완료 항목을 알 수 있기 때문에 시작도 안 했는지, 하다 말았는지, 오늘까지 뭘 끝내야 하는지 바로 뜨기 때문에 하원해도 되는지 즉시 알 수 있다. 특히 복습 시간에는 해야 할 일이 굉장히 다양하고 아이들마다 해야 할 학습량도 내용도 다르기 때문에 관리 프로그램이 없었다면 일일이 파악하기가 힘들었을 것이다. 이제는 아이들이 출석했는지만 신경 쓰면 특별히 복잡한 일은 없어졌다.

다른 아이들의 학습 진행률이 90% 이상일 때 사랑리스트에 속한 아이들은 0~14%인 경우가 있다. 이런 아이들을 집중 관리하면 모두 완전학습이 되도록 할 수 있다. "선생님 너무 힘들어요"라면서 아이가 울 정도라면 "그럼 다시 시작해보자" 하면서 쌓여 있는 미완료 학습 건수를 없애주거나 분량 조정을 할 수도 있다. 성취감을 주기 위해 빚을 차감하듯이 삭제해주는 것이다. 일일이 기억할 수 없는 개별 수업을 문제 없이 진행하려면 프로그램의 도움을 받는 것은 필수다. 이런 도움 없이 한 반에서 아이들이 다른 진도에 맞춰 수업하고 학습하는 걸 선생님이 일일이 기억한다는 건 인간으로서 불가능하다.

완전학습 자동화 시스템으로 포기하는 아이들 없이 개별 수업이 가능해진 것은 사랑리스트와 수업관리 기능 덕분이다. 학원에 따라서는 원하는 교재를 쓰면서 설정을 바꾸는 커스터마이징도 가능하다. 예상성취 등급 레포트가 나오고 클라이 프로그램에 들어가보면 몇 년치 수업과 학습이 한 번에 쌓여 있다. 문제가 생겨서 변동이 필요할 때는 톱니바퀴 설정 버튼 하나로 모두 해결할 수 있다.

클라이영어가 온라인수업이 너무 많다고 걱정하는 사람들도 있는데, 오히려 오프라인 학원이 비대면 시대에도 살아남을 수 있는 방향을 제시했다고 생각한다. 비대면과 다르게 대면 학원을 선택할 수밖에 없는 이유는 휴먼 터치 때문이다. 그것을 극강화할 수 있는 시스템은 사실 기계와 손을 잡는 것이다. 기계는 기계가 잘할 수 있는 걸 하고 사람은 사람이 잘할 수 있는 걸 하는 것이다. 강의 통제 시스템, 사랑리스트 같은 기능들은 모두 선생님의 휴먼 터치를 가능하게 만드는 것들이다. 선생님이 디테일하게 설정을 조정하면서 정확한 처방이 되도록 자동화 시스템이 조력자 역할을 하는 것이다.

내 공부는 내가 세팅한다

• • •

2020년 코로나 팬데믹 선언 이후로 비대면이 점점 생활 속에 스며들고 있다. 그런데도 학생들이 대면 학원을 다니는 이유는 뭘까? 바로 교사와 학생의 직접적인 '휴먼 컨택', 즉 직접적인 관리와 소통 때문이다. 이는 대면 학원만이 할 수 있는 장점으로, 오프라인 대면 학원이 불황의 시대에서 살아남는 방법을 여기서 찾을 수 있다.

학생들은 선생님의 직접적인 관리를 받고 싶어 한다. 비대면 수업과 관련한 통계를 보면 아이들이 불편한 점으로 꼽는 것들은 모두 관리와 관련된 부분이다. 아이들이 완전하게 성숙한 자기 주도 학습력을 갖춘 경우는 드문데, 그걸 아이들도 스스로 알고 있다. 그래서 불안한 것이고 누군가가 이끌어주길 바라는 것이다. 사실 1차적인 지식 전달은 어떤 교육 환경에서든 가능하다. 아무리 좋은 강의, 좋은 콘텐츠가 갖춰져 있어도, 어떤 완벽한 학습 도구와 프로그램이 준비되어 있다 해도 그 지식이 최종적으로 완전 체화

될 수 있도록 이끌어주는 건 결국 사람이다. 즉 교사와 학생 간에 깊은 소통을 해야만 아이들이 진짜 어려워하는 부분이 무엇인지, 문제가 학습적인 것인지 감정적인 것인지 알 수 있다. 그걸 선생님이 직접 잡아주고 이끌어주길 바라기 때문에 학원에 다니려는 것이다.

그렇지만 온라인수업의 장점이 무엇인지도 주목해야 한다. 관련 조사에 따르면 다시 보기와 복습이 가능하다는 걸 아이들은 최대 장점으로 꼽았다. 자기가 원한다면 부족하다 느끼는 부분을 원하는 대로 반복할 수 있다는 것을 좋다고 생각하는 것이다. 한마디로 개별 맞춤이다. 지금은 초개인화 시대라는 시대적 흐름과도 맞는다.

수업을 들을 때 아이들은 '모르겠다' 싶으면 그냥 지나쳐버린다. '나랑 동떨어진 수업을 하고 있네' 싶으면 더 이상 듣지 않는 것이다. 도움이 되지 않는다고 느껴지면 바로 집중하지 않고 마음속에서 스킵해버린다. 지금의 아이들은 초개인화 시대를 살고 있다. 유튜브나 틱톡을 보다가 관심이 사라지면 바로 나가버린다. 자신의 취향에 맞는 것만 알고리즘이 띄워주기 때문에 참고 듣거나 보지 않는다. 성인인 우리보다 완벽하게 초개인화 시대에 맞춰진, 그런 시대의 한복판에서 살고 있는 세대인 것이다.

그래서 사람이 해주는 관리도 학생 개개인에 맞는 개별 관리여야 한다. 그렇지 않으면 그 수업에 대한 집중도나 만족도는 떨어질 수밖에 없다. 앞으로 개별화된 휴먼 컨택을 갖추지 못한 학원은 경쟁력을 잃게 될 것이다.

선생님의 케어를 느끼는 아이들

기존 학원의 모습은 아이들이 '이제 들을 준비 됐어요. 강의해 보세요'라는 모습에 가까웠다. 그러나 클라이영어에서는 끊임없이 체크받을 것이 나오고 계속 자기 실력을 끌어내야 해서 스스로 공부하게 만든다. '될 때까지' 완벽하게 소화하게 만드는 과정에서 공부하는 법을 익힐 수 있는 시스템이다. 중학교 3학년까지 이렇게 하고 나면 고등학교에 가서는 자기 주도 학습을 할 수 있게 된다.

완전학습으로 하브루타 교육이 시작되면서 아이들에게는 확실한 변화가 시작됐다. 일단 대강 하는 아이들이 없어졌다. 학습에 대해서 눈속임이 불가능하기 때문에 도망가지도 못한다. 기초가 부족해서 잘 못하겠으면 그 상태대로 하나라도 정확하게 알아야 한다. 그렇지 않으면 다음 스텝으로 못 넘어가기 때문에 대충 뭉개고 게으름을 피울 수가 없다. 선생님이 바쁜 학원이 아니라 아이들이 바쁜 학원이 된다.

추가 학습 시간에 복습할 때 아이들은 오늘 해야 할 학습들이 뜬 걸 보고 나름대로 자신의 스케줄을 짠다. '오늘 리스닝 훈련은 20분 만에 끝내야지', '독해는 15분 만에 해야지' 이런 식으로 끝나는 시간을 세팅해놓으면, 선생님은 제시간에 끝내지 못하는 아이들이 있을 때 알람 호출을 받는다. 아이들에게 '이건 내 공부야. 내

158

3장・자동화 시스템에서 소외된 아이는 없다

가 세팅한 스케줄이야'라는 마인드를 심어주는 데 좋은 도구가 된다. 학생 중에 이 설정을 하면서 "이런 거 왜 해요? 귀찮아요"라고 말하는 학생은 없다. 시스템을 처음 접해보는 학생들에게는 "이건 네가 선택해서 네가 지정한 시간에 스스로 하는 거야"라고 말해놓는데, '도대체 이걸 왜 하라는 거야'라는 생각은 하지 않는다.

클라이 시스템으로 관리되면 학생들은 "오늘 어디 해요?" 물어보지 않고 알아서 공부하게 되고, 선생님은 채점하고 틀린 문제를 분석하는 데 걸리는 시간을 획기적으로 절약할 수 있다. 그 덕분에 학생들을 질적으로 케어할 시간이 대폭 늘어난다. 한 사람씩 관리하는 것이 여유로워지는 것이다.

클라이 자동화 시스템을 잘못 오해하면 "그럼 사람은 뭐 하냐"라고 말할 수 있다. 그러나 실제로 경험해보면 학생들 반응은 "공부량이 상당히 많아 빡세다"라는 것이다. 최종적으로 말하기와 쓰기, 즉 소통을 지향하면서도 내신과 입시까지 커버가 돼서 학부모와 학생 만족도는 높다. 아무리 학원을 다녀도 65점을 맞던 아이도 결국엔 90점 이상 맞기 때문이다.

영어는 언어의 본질을 알면 절대 실패가 없다. 말할 수 있게, 글쓸 수 있게 배우는 것이라는 본질에 충실하면 된다. 특히 중학교에 가면 문법을 본격적으로 배우면서 힘들어하는 아이들이 생기는데, 맞춤으로 끌어올릴 수 있어서 커버가 된다. 나한테 맞춰져 있다는 걸 아이들이 느끼기 때문에 '할 만하게 만들어진 프로그램이다'라고 인정한다. 그래서 보충으로 복습하는 것도 괴로워하지 않는다.

그러나 학생들도 사람인데 슬럼프가 있다. 호르몬 변화가 있는 청소년기에는 더 심할 수 있다. "왜 살아요?", "왜 공부해야 돼요?" 하는 아이도 있다. 힘들어서 포기하고 싶어지는 것이다. 그렇지만 다시 상담하면서 끌어올리고 다닐 만하다고 느낄 수 있게 미세 조정을 해주면 아이들도 그걸 감지하고 선생님을 믿게 된다. 학부모들도 흔들리는 급한 마음은 잠시 접어두고 "멈추지만 않게 해주세요" 하게 된다.

"처음 본 중간고사였는데 너무 놀랐어요"

중학교 2학년 은정(가명)이는 1학기 중간고사를 보고 난 시점에 학원에 등록했는데, 파닉스만 끝내서 겨우 읽을 수 있는 정도의 영어 수준이었다. 그동안 영어 공부는 학습지만 했는데 중간고사에서 45점을 맞자 놀라서 학원에 온 경우였다. 초등학교 때도 시험을 안 보고 중학교 1학년에는 자유학년제를 실시하니까 1년 내내 시험을 안 봤기 때문에 자신의 상태를 전혀 깨닫지 못했던 것이다.

한 반에 여러 레벨의 아이들이 섞여 있어도 개별 맞춤으로 충분히 미세조정을 해줄 수 있기 때문에 은정이만을 위한 세팅에 들어갔다. 보통 다른 아이들은 한 달 전에 시험 대비에 들어가는데, 이 아이는 두 달 전부터 시험 대비를 한 셈이다. 어휘, 독해, 문법, 작문 영역을 교과서 진도에 맞춰서 진행했다. 학교에서 가정법을 배우고 시험 범위가 가정법이면 학원에서의 학습도 가정법을 하는 식으로 진도를 맞췄다. 제일 중요한 것은 작문인데 서술형을 할 수 있어야 했다. 예를 들어서 to부정사에 대해서 수업했으면 그것과 관련된 것을 작문으로 쓸 줄 알아야만 시험을 볼 수 있다. 그래서 일주일에 20문장, 주 2회니까 하루에 10문장씩 작문을 시켰다. 처음이다 보니까 갖춰진 게 없는 상태라서 문장을 암기하는 수준이었지만 꾸준히 했다.

은정이는 다른 아이들이 개별 진도에 맞춘 교재를 공부할 때 교과서 어휘, 교과서 문법을 암기하고, 교과서 지문으로 독해 수업을 했다. 문장 분석도 안 되고 기초가 없으니까 천천히 한 문장 한 문장씩 스위치 학습으로 진행했다. 독해 지문을 해석해서 한국어 문장을 만들고 청킹 작업을 한 다음, 영어식 어순으로 바꾸고 그 의미 덩어리를 영어로 바꿀 수 있으면 된다.

한글에는 띄어쓰기가 있지만 영어식 의미 덩어리와 반드시 일치하지는 않는다. 한글 문장을 볼 때부터 덩어리가 보일 때까지 청킹 훈련을 하고, 그 덩어리가 같이 움직이면서 어순이 바뀌어야 한다. 아이들이 해석을 잘 못하는 이유는 의미 덩어리를 못 묶어서다. 단어 하나하나 뜻을 달 수는 있지만 이걸 문장으로 완성해서 해석하는 걸 처음에는 하지 못한다.

독해 지문을 해석해본 다음에 한글을 보고 다시 청킹 단위로 영어 작문을 써보는 작업은 정확하게 해석하기 위해서다. 보통은 영어를 대략 해석한다. 입시에서 요구하는 것은 감으로 대충 해석하는 게 아니라서 그러면 문제를 엄청 많이 틀린다. 작문화시켜서 공부한 다음에는 말하기까지 연습시키는데, 이러면 아이들이 정확하게 영어를 할 수밖에 없다.

리스닝은 초등 고급 단계부터 하루에 다섯 문제를 별도로 진행했다. 문제를 풀고 나면 정답을 맞혔어도 최소 세 문제는 듣기 훈련을 시켰다. 찍어서 맞혔을 수도 있기 때문이다. 듣기 훈련의 루틴에 따라 딕테이션, 직청직해(문장 듣고 해석 고르기), 들으면서 문장 어순 배열, 3회 반복 듣기 후에는 틀린 문제를 다시 풀어보게 했다. 5개 영역은 모두 교과서로 진행했지만 리스닝은 따로 레벨에 맞춘 훈련을 했는데, 선택과 집중을 해야 하는 시기니까 교과서 중심으로 공부하되 리스닝으로 실력 향상을 덧붙이는 전략이었다. 다양한 문장과 많은 어휘를 최대한 빨리 접해야 했다. 그랬더니 은정이는 두 달 만에 기말고사에서 71점을 맞았다.

6개월 만에 45점에서 92점으로

기말고사가 끝나고 방학 동안은 은정이의 레벨 따라잡기 계획이 시작됐다. 방학 동안의 목표량을 아이와 함께 정했는데, 그 양에 맞춰서 해나가는 것은 아이의 몫이기 때문이다. 어차피 보충학습은 온라인 프로그램 학습이기 때문에 그냥 아무 때나 학원에 와서 하면 된다. 아이가 하고 싶은 대로 하고 싶은 만큼 환경이 구축되어 있으니까, 다른 과목의 학원이 끝나고 언제든지 시간 나는 대로 와서 먼저 어휘를 집중적으로 팠다. 목표를 하루 60개씩 새로운 단어 외우기로 했는데, 누적 단어 테스트는 3, 4일치를 해야 하기 때문에 결과적으로 하루 200~240개씩 학습하는 것이었다. 은정이는 이걸 매일 와서 했다.

2학기가 되자 은정이는 다른 아이들과 똑같은 과정으로 중학 영어와 수능 영어 따라잡기를 목표로 수업을 따라갈 수 있었다. 다만 다른 아이들과 달랐던 것은 추가 학습 시간에 스위치 학습으로 교과서 지문의 독해 훈련을 추가로 했다. 추가 학습 시간에 시험 대비를 덧붙여서 다른 아이보다 더 많은 양을 한 것이다.

이전에는 이렇게 해주고 싶어도 채점하면서 케어할 사람이 붙어야 하니 해줄 수 없었다. 그러나 자동화 시스템 덕분에 부담 없이 아이들이 언제든지 와서 공부하면 되니까 집중 케어를 할 수 있었다. 그렇게 하자 은정이는 두 달 뒤 시험에서 92점을 맞았다. 본인도 정말 열심히 했는데, 무엇보다 가장 큰 동기는 '재미있어서'였다. 점수가 오르고 하루하루 해내는 걸 스스로 느끼는 것 자체가 매일 동기부여가 됐다.

상위권 학생에게 필요한 디테일한 개별 맞춤

• • •

클라이 자동화 프로그램 도입 후, 아이들의 시험 성적은 엄청나게 올랐다. 분명한 것은 시험 결과에 '그냥'은 없다. 가만히 앉아 있었더니 시험이 잘 나왔다는 말은 거짓이다. 여전히 선생님들은 바삐 움직이고 많은 것들을 고려한다. 어쩌면 성적을 올리기 쉬워졌다기보다는 시간을 효율적으로 쓰게 되었다는 말이 맞을 것 같다. 예전에는 단어, 문장 등을 외우게 하는 것에 어마무시한 시간이 걸렸다. 그걸 준비하고 프린트하고 채점하는 것에도 엄청난 에너지가 들었다. 특히 서술형 문제에 대해 수십 명의 학생들에게 스펠링 하나, 점 하나 다 체크해주려면 시간이 아주 많이 걸렸다.

자동화 시스템은 학생도 선생님도 일일이 기억하기 쉽지 않은 개별 스케줄을 즉시적으로 띄워주기 때문에, 오히려 각자 스스로 해야 할 일에 집중하게 만들었다. 개인 스케줄을 보고 아이들은 그날 해야 할 학습 중에서 우선순위를 정하고 오늘 학습을 최종 몇 시간 동안 할지, 세부적으로는 단어를 몇 분 동안 하고 리스닝을 몇 분 동안 할지 플래너를 먼저 만든다. 이걸 짜고 나서 학습을 하게 돼 있어서, 최대한 자기 학습을 자기가 주도해서 할 수 있다. 이 설정에 따라 제 시간 안에 못 끝냈다면 문제는 무엇인지 선생님이 함께 고민해줄 수 있고, 디테일한 조정으로 진단을 해줄 수 있다. 이런 특이 사항들은 6개 영역에서 모두 즉각적으로 반영할 수 있다.

공부법을 강의하는 한 전문가는 이런 이야기를 했다. "1등의 커리큘럼이 모두의 커리큘럼은 아니라는 것을 학부모들은 이미 다 알고 있다. 그래서 예전처럼 1등이 가는 학원에 몰려가는 것이 아니라 내 아이한테 맞는 로드맵과 맞는 속도, 난이도, 내용으로 공부시키기를 바란다." 오로지 한 사람을 위한 개별 맞춤은 영어를 잘 못하는 아이에게만 해당하는 것이 아니다. 오히려 상위권 학생들에게 디테일한 미세 조정은 더 필요하다.

외고를 목표로 하는 중학교 3학년

현우(가명)는 굉장히 똑똑하고 공부도 잘하는 전교권 학생이었다. 3학년 1학기 중간고사가 끝나고 우리 학원으로 찾아왔는데, 그전까지는 100% 원어민 수업을 하는 학원에 다녔다고 한다. 어머니 말씀이 중학교 2학년까지 시험에서 꼭 하나씩 문제를 틀렸다고 했다. 현우는 외국어고등학교를 가고 싶어 했는데 영어 100점을 못 맞으면 입학하기 힘들기 때문에 고민하다가 클라이영어를 찾아온 것이다. 외고는 워낙 경쟁력이 심해서 하나라도 실수가 있으면 합격이 힘들다. 평가 요소들이 딱히 없기 때문에 중학교 내신이 거의 100% 적용된다.

고등 입시에서 내신을 반영할 때는 3학년 비율이 높은데 1학년 중간고사에서 80점대를 맞아버려서 현우는 학원을 옮기게 됐다. 원어민 수업이 좋다는 이야기를 많이 들어서 초등학교 때부터 쭉 같은 학원에 다녔다는데, 당연히 실용영어 방향으로 공부를 해왔을 것이다. 그런데 시험영어는 정확한 영어를 구사해야 되기 때문에 문제가 있었던 것이다.

실용영어는 소통 중심이어서 정확하지 않아도 원어민 선생님이 알아들으면 괜찮은 방식이다. 어느 정도 의미만 맞고 알아들으면 되는 게 목표다. 반면에 시험영어는 스펠링 하나라도 어긋나면 틀린 것이고 문법적으로 정확해야 한다. 시험영어의 폐해를 이야기하는 경우가 많지만, 사실 한마디로 시험영어는 정확한 영어인 것이다. 실용영어만 했을 때의 문제는 중학교 3학년이 되어서야 나타난다. 등급을 나눠야 하기 때문에 학교에서도 분별력을 높이고 시험이 어려워진다. 그래서 현우는 80점대를 맞아버린 것이다.

현우가 우리 학원에 와서 수업을 처음 할 때는 문법적 용어를 아무것도 몰랐다. 물론 용어는 모르더라도 문장을 쓸 줄 알면 되는데 작문을 해보면 조금씩 틀리는 게 많았다. 관사를 빼먹는다거나 단수 복수가 틀리는 등 정확하게 작문을 못하는 상태였다. 국어의 경우에도 마찬가지다. 여섯 살 아이도 말은 잘하지만 쓰기를 시켜보면 엉망진창이다. 철자도 틀리고 언어적으로 봤을 때 앞뒤 안 맞는 이상한 표현을 쓰는 경우가 많다. 그것은 정확하게 문법적으로 완전한 문장을 쓸 줄 알아야 가능한 일이다. 많은 어학원에서 에세이로 라이팅을 많이 한다고 홍보하곤 하는데, 선생님이 첨삭을 해주는 걸로 수업이 끝이라면 작문에서 문법이 제대로 잡히지 않는다. 틀린 부분은 디테일하게 설명을 듣고 교정해서 쓸 수 있을 때까지 훈련에 들어가야 한다. 현우는 원어민이 첨삭해준 걸 받아서 다시 한 번 써보고 그걸로 끝냈기 때문에 라이팅이 늘지 않았던 것이다.

대신 현우는 오랜 기간 동안 영어에 노출돼 있었기 때문에 감각이 있었다. 곳곳에 비어 있는 부분만 보충해주면 되는 상태였다. 이런 아이들이 만약 보통의 그룹식 수업 커리큘럼 안에서 공부했다면 속도도 늦고 교정하기도 쉽지 않았을 것이다. 아는 것도 계속 수업을 들어야 하고 모르는 것만 골라서 잡아주는 디테일한 코칭이 없으면 또 쓸데없이 시간만 가는 것이다. 클라이 시스템에서 과외처럼 맞춤 수업을 하다 보니까 현우는 그 이후로 100점을 한 번도 놓친 적이 없다.

디테일까지 갖춰져 있어서 '시스템'이다

하지만 현우는 결국 외고에 떨어졌다. 워낙 경쟁이 세다 보니까 중학교 3학년 1학기 중간고사에 80점대를 맞은 것이 발목을 잡았다. 또 2학년까지 100점을 맞은 적이 없다는 것도 작용했을 것이다. 대신 일반고에 들어가서 내신 1등급을 맞았다는 이야기를 들었다. 현우도 사실 정말 열심히 했다. 그 결과 피드백 수업이 잘 먹혔고 문법적으로 부족한 것들이 제대로 교정되었다.

상위권 아이들에게 어떻게 학습 조정을 미세하게 할 수 있는지 현우의 사례를 보면 알 수 있다. 현우는 문법, 작문을 다른 아이들보다 두 배로 진도를 늘렸고, 대신 리스닝은 줄였다. 이미 리스닝은 뛰어나기 때문에 많이 할 필요가 없었다. 문법, 작문을 바짝 타이트하게 해서 교정해야 했다. 만약 보편적인 커리큘럼대로 계속 학습했다면 내신 1등급을 받는 건 힘들었을 것이다.

실용영어 교육 방식이 나쁜 것은 아니다. 초등 1학년부터 3학년은 실용영어에 집중하는 게 좋다. 문자 중심이 아니라 말로 표현하는 것을 목표로 하는 것이다. 그렇지만 초등학교 4~6학년은 말과 글이 병행돼야 한다. 우리는 이것을 '브릿지 단계'라고 부르고 있는데, 듣기·말하기와 읽기·쓰기를 함께 향상시키는 것이다. 이때를 놓쳐버리면 시험에서는 결과가 안 나온다.

그래서 문법은 4학년부터 시작해야 한다. 문법 용어를 익히는 게 목표가 아니라 문장구조를 익히고 체화시키는 것이 목적이다. 작문, 독해가 정확해지려면 문법이 필요한 것이다. 문법을 배우면 말하기와 쓰기는 멀어지는 것으로 생각하는 사람들이 많은데, 언어는 별개로 하고 문법만 파고드는 것이 문제일 뿐이다. 하지만 문법을 배우는 건 고급영어를 하기 위해서다. 문법을 정확히 알지 못하고 하는 영어는 유아적인 영어다. 시험영어는 바람직하지 않고 실용영어는 옳다는 발상은 다시 생각해볼 문제다.

미국 빈민가에서 쓰는 영어와 영국 귀족 가문에서 쓰는 영어가 다를 수 있다는 점을 생각해보면 그저 말만 통하면 된다는 걸 목표로 삼는다는 게 어떤 건지 알 수 있다. 스무 살짜리가 영어를 배웠고 미국, 호주, 영국 등 영어권 국가에 가서 아르바이트한다고 생각해보자. 그저 말만 통하면 되는 영어를 목표로 했다면 식당에서 서빙하고 설거지를 하는 정도의 일밖에 구할 수 없을 것이다. 그러나 정확한 영어를 구사할 줄 알고 고급영어로 들리는 말하기가 가능하다면 중산층 가정의 개인 교사 자리를 구할 수도 있다. 또 특정 관심 분야의 영어까지 할 수 있다면 관련 회사에서 인턴으로 일할 수도 있을 것이다.

문법을 하는 이유는 고급영어로 가기 위해서다. 이걸 별개라고 생각하면 곤란하다. 반대로 외국인이 한국에서 한국어를 말하는 경우를 생각해보자. 외국인이 한국어를 말할 때 문법을 틀려도 우리는 알아듣기는 하지만, 그 사람이 그다지 능숙해 보이지는 않는다. 아르바이트 개념으로 간단한 업무 정도는 시킬 수 있지만 회사에서 한국인 신입사원과 같은 일을 맡길 수는 없을 것이다. JTBC 예능 프로그램 〈비정상회담〉으로 이름을 알린 타일러 라쉬 같은 방송인처럼 한국인보다 말을 잘하고 해박해 보인다면 비즈니스도 같이 할 수 있을 것이다. 문법을 한다고 하면 반대하고 요즘 추세에 안 맞다고 생각할 일이 아니다. 대신 용어에 집착할 필요는 없다. 이걸 통해 독해와 작문을 완성하면 되는 것이다.

BIG CHANGE

4장

학생, 교사, 부모
모두가 행복한 교육

같은 반에서 다른 진도, 다른 교재

• • •

　영어 학습과 관리 자동화 시스템이 궁극적으로 지향하는 바는 완전학습, 개별 학습이다. 교육자라면 누구나 이게 좋은 건 알지만 현실화가 쉽지 않아서 회의적인 사람들도 있다. 될 때까지 복습을 시킨다 해도 학생별로 개인차는 생길 것이고, 이런 편차가 생길 때 어떤 식으로 해결해야 할지 고민이 될 것이다. 그룹 수업을 해보면 잘하는 아이는 계속 잘하고 힘들어하는 아이는 끝도 없이 힘들다. 6~8명뿐인 소그룹도 마찬가지다. 이럴 때 누구한테 맞춰 수업할 것인지 결정하는 건 힘든 일이다. 교육자로서는 잘하는 아이도 못하는 아이도 책임을 져야 한다. 중간에 맞춘다는 것도 사실은 무책임한 일이라고 생각한다. 현실에서 이런 밸런스를 잡기란 힘들다.

　클라이의 자동화 시스템이 완성된 뒤로는 이런 모든 고민들이 해결되었다. 아이들은 저마다 잘하는 영역도 다르다. 어떤 아이는 문법이 강하고 어떤 아이는 독해가 강하다. 6개 모든 영역을 다 잘하는 아이는 드물다. 만약 독해가 강한 아이라면 그 부분은 진도를 쭉쭉 나가고, 약한 아이라면 레벨이 낮은 교재로 세밀하게 케어하는 것이 좋다. 개별 커리큘럼으로 하면 '우리 아이만 늦어서 스트레스받지 않을까' 생각할 수 있는데, 비교할 필요가 없다. 학생끼리는 서로 진도를 모른다. 단어만 해도 고등학교 단어를 듣고 있는지 중학교 단어를 듣고 있는지 알 수가 없다. 오직 한 사람만을 위한 커리큘럼이기 때문이다. 똑같은 진도 안에서 혼자만 못할까 봐 걱정하지 않아도 된다.

아이들이 영어를 포기했던 이유

보통의 학원에서는 한 반에서 같은 진도를 나갈 것이고 완전학습을 표방하고 있다면 뒤처지는 아이가 있을 때 "다른 요일에 언제 나올 수 있니?"라고 물어봐야 한다. 담당 교사에게는 "보충수업 좀 해주세요" 해야 하고, 교사는 과로에 시달린다. 교육을 하면서 학생, 부모, 선생님 모두가 행복할 수는 없는 것일까? 맡은 아이들의 학습 효과를 올리기 위해서는 선생님들이 행복할 수 없는 어쩔 수 없는 환경이 만들어진다. 교사의 업무 효율성을 올림으로써 교육의 질도 함께 높아질 수는 없는 것일까? 또 부모님이 집에서 숙제하라고 잔소리를 하지 않아도 된다면 부모도 학생도 삶의 질이 달라질 것이다.

단어 재시험 같은 테스트 업무는 언제나 선생님들에게는 고통이었다. 아이들마다 적절한 학습량이나 효과적인 방법이 다른데,

이걸 일일이 수작업으로 조절해주는 일은 그야말로 막노동이었다. 복습할 때도 정말 빨리 외우는 아이가 있는가 하면, 정말 힘들게 외우는 아이가 있다. 커리큘럼도 조금씩 차근차근 밟아가야 하는 아이가 있는가 하면, 쭉쭉 진도를 뽑고 나서 다시 반복하는 게 나은 아이도 있다. 이런 미세한 차이들은 자동화 시스템이 도입된 후부터 모두 반영이 가능해지면서 학생들과 함께 학습량을 결정했다. 암기할 단어 개수뿐만 아니라 6개 영역 모두 개인에 맞춰 레벨을 조정할 수 있게 되었다.

지금은 어떤 아이가 너무 잘하면 학습량을 올려보자고 제안하는데, 그럴 때 아이들은 싫어하지 않는다. 오히려 '다들 30개씩 하는데 나만 60개씩 해'라는 자부심을 가진다. 이전에는 단어 재시험이 싫어서 영어 과목을 포기하고 학원을 떠나는 아이도 있었다. 그러면 그 아이는 단어 하나 때문에 나머지 5개 영역까지 모두 포기하는 셈이다. 그런데 개별 맞춤 학습이 자동화된 후로는 그런 걱정이 사라졌다. 6개 영역 모두 개별 설정이 가능해서 그중 하나라도 잘하게 되면 지속하는 힘이 생긴다.

자동화 프로그램을 도입한 후에도 물론 느린 아이들은 있다. 하지만 데이터 분석으로 보충학습을 해야 할 대상자 리스트가 자동으로 출력되기 때문에 실시간으로 후속 조치를 하기가 훨씬 쉬워졌다. 완료가 안 된 학습이 쌓여 있다면 진도를 조절하거나 학습량을 줄여줌으로써 그 아이에게 맞춰줄 수 있다. 진도는 늦지만 확실한 완전학습으로 차곡차곡 쌓아 올리는 전략이다. 당연히 성적도 올라가고 공부에 대한 자신감도 올라간다.

사실은 아이들도 자기 인생이 소중하다. 막 울면서 "사실은 잘하고 싶어요. 근데 안 돼요. 못하겠어요" 하는 아이들을 버릴 수는 없다. 너무 잘해서 앞서가는 아이와 함께 묶어서 가면 그 아이는 포기하게 되는 사태가 발생한다. 그렇지만 같은 반이라도 다른 진도, 다른 교재로 진행한다면 어떤 아이도 포기할 필요가 없다. 클라이영어는 무학년 반 구성 시스템이다. 학생 개별로 당일 수업의 범위, 숙제의 범위 등이 자동으로 제시되기 때문에 개별 교재, 개별 진도에 아무 문제가 없다.

출산 직후에도 노트북 앞에 앉았던 이유

이렇게 완전학습이 가능한 자동화 관리 프로그램을 처음으로 인천의 본원에 도입하고 난 지 몇 달 후, 이제는 퇴원하는 아이가 없다는 걸 깨달았던 순간이 있다. 게다가 인건비나 인력 조달 문제를 더 이상 걱정하지 않아도 된다는 걸 깨달았을 때 그 기분은 정말 묘했다. 선생님을 추가로 뽑지 않아도 학원 수익은 오히려 높아졌고, 결정적으로 아이들의 완전학습 성과가 너무나 좋았다. 공부방 시절부터 오랜 시간 완전학습을 이루기 위해 그렇게 노력했는데 기계가 더 잘할 수 있는 일은 기계가 하도록 맡겼더니 놀라운 일이 벌어진 것이다. '완전학습이란 게 정말 가능하긴 한 걸까?', '정녕 포기해야 하는 건가?' 고민해왔던 날들이 무색할 정도였다.

수작업으로 개별 학습을 맞춰주려 했던 그동안의 일들이 머릿속을 스쳐가면서 '나 그동안 뭐한 거야?' 싶었다.

이 놀라운 성과는 처음에는 현실감이 잘 느껴지지 않았다. '어, 이거 뭐지? 진짜 되네' 싶으면서 그동안 주위에서 들었던 수많은 부정의 소리들이 떠올랐다. "그렇게까지 할 필요가 뭐 있는데", "남편이 힘들게 일한 돈 까먹으면서 뭐 하니", "그건 해결할 수 없는 문제야", "영어학원 하는 사람의 어쩔 수 없는 숙명이지" 등의 말을 들을 때마다 힘들었던 감정들이 서서히 흩어지는 느낌이 들면서 천천히 실감이 됐다.

'학관노(학원 관리 노하우)'라는 카페가 있다. 전국의 학원 원장님들이 모여서 의견을 나누는 곳이다. 이곳에는 개별 진도, 완전학습에 대한 열망은 있지만 현실 속에서 적용하기가 너무나 어려워서 고민하고 힘들어하는 글들이 항상 올라오곤 했다. 완전학습이란 불가능한 것이라는 의견은 현장에서 뛰는 강사들 사이에서도 만연한 의견들이었다. 그동안 희망적인 메시지는 본 적이 없었다. 학원업이라는 것이 최근에 등장한 업종도 아니고 오랜 시간 동안 해내지 못한 일인데 '이걸 내가 할 수 있을까' 하는 두려움이 항상 나를 덮쳤다.

교육자들의 완전학습에 대한 열망

처음에 1차로 학습 프로그램을 개발할 때 테스트 버전을 처음으로 받아들었던 때가 생각났다. 출산 후 산후조리원에서 완성된 결과물이라는 걸 받았는데, 아기를 낳자마자 컴퓨터 앞에서 일일이 검수를 하는데 제대로 작동되는 페이지가 별로 없었다. 버튼을 누르면 다음 페이지로 넘어가지 않는 것이다. '그동안 얼마나 많은 돈을 쏟아부었는데…….' 나의 꿈과 미래, 모든 것이 들어가 있는데 잘못 됐다는 걸 확인하고 '망했다' 싶어서 너무 힘들었다.

나는 출산 후에 다른 사람들보다 회복이 굉장히 더뎠다. 허리도 못 펴고 걷지도 못하는 상태였다. 직원과의 트러블이 있는 와중에 학원을 오픈했을 때도 임신 6개월이 넘었을 때였고, 하루 3시간 이상 잠을 잔 적이 없을 정도로 일을 많이 했다. 일하느라 너무 앉아만 있다 보니까 아기가 밑으로 내려오지도 않았다. '그런데 그 결과가 이거라고? 그동안 쏟아부었던 열정과 에너지는 어쩌나?' 내 인생을 온통 갈아넣었다고 해도 맞을 것이다. "그냥 남편이 벌어준 대로 살면 잘 살았을 텐데 괜히 네가 까먹어서 그게 뭐냐?"라는 소리가 들리는 듯했다. 사생활을 포기하고 맞바꾼 결과인데 '내 인생이 잘못됐구나' 하는 생각이 들어 최악의 기분이었다.

아내로서의 역할, 엄마로서의 역할, 딸로서의 역할을 제쳐두고 완전학습 실현의 길을 걸으면서 주위 사람들에게 나는 '돈 까먹는 존재'였다. 항상 죄스럽고 남편과 가족한테 미안했다. 대출받아서 프로그램 개발비를 내곤 했는데, 결국엔 산후조리원에서 받은 테스트 버전을 버리고 처음부터 다시 작업해야 했다. 프로그램 개발 회사가 사업을 접어서 개발사를 바꾸는 우여곡절도 겪었다. 그 이야기는 투자비도 배로 들어갔다는 뜻이다.

클라이영어 자동화 시스템을 완성하고 학원에 적용한 결과를 받아들었을 때 완전학습이 선생님도 학생도 부모님도 모두 행복하게 만든다는 걸 객관적으로 확인해보고 싶었다. 대단한 걸 해낸 게 맞는 것 같긴 한데 희생한 것에 비하면 내가 지금 거둔 성과가 '기뻐할 만한 것이다'라는 확신을 얻고 싶었던 것 같다. 그래서 학관노 카페에 그동안의 개발 과정에 대해 연재 글을 올렸다. 이때의 반응을 보고서 그제야 진짜 해냈다는 실감을 할 수 있었다. 답글이 수천 개씩 달리는데, 수치상으로도 등업 요청을 빼면 조회수와 댓글이 1위였을 정도로 반응이 너무나 엄청났다. 나중에는 '내가 말도 안 되는 걸 해낸 게 맞구나'라는 전율이 느껴졌다.

이것은 내가 전국적으로 학원 분점을 내는 대신 가맹사업을 시작하게 된 계기가 되었다. 완전학습 자동화 프로그램의 효과는 이후에 가맹사업을 통해서 다른 어떤 학원에서도 같은 효과를 낼 수 있다는 사실을 계속 확인할 수 있었다. "이렇게 공부하는데 안 늘 수가 없어요"라며 클라이 시스템을 그대로 적용하는 원장님들은 기적같다고 표현하곤 한다.

엄마와 아이가 싸울 필요가 없어졌다

• • •

학원을 크게 확장할 때 원장들은 고민을 많이 한다. 혼자서 빈 틈을 메울 수 있는 규모일 때는 어떻게든 몸을 아끼지 않고 할 수 있지만, 다른 선생님들의 도움이 없으면 이끌어갈 수 없는 상황에서 "내가 한 것처럼 해주세요" 하는 건 쉽지 않은 문제다.

H원장님은 일산에서만 어학원을 10년 동안 운영했다. 그 지역에서는 이미 많은 사람들에게 잘 가르친다는 소문이 난 상태였다. 충분히 학원의 규모를 더 키울 수 있음에도 학원 확장에 대해서는 자제하고 있었다. 강사들의 업무량이 너무 많았기 때문이다.

그는 말하기, 글쓰기가 가능한데 내신도 커버되고 관리도 잘하는 학원이라는 평판을 얻고자 계속 노력했다. 학원을 운영하며 마음 맞는 강사들과 열심히 일해왔는데, 시간이 지날수록 강사들이 많이 지쳐하는 것이 보였다. 아이들을 어떻게 가르쳐야 하고 관리해야 한다는 확신과 방향이 있어서 그대로 끌고 갔는데, 선생님들이 '죽을 것 같다'라고 표현할 정도로 힘들어한 것이다. 갈수록 업무량을 감당하기 힘들어해서 아무리 강사들에게 비전을 심어준다고 해도 즐겁게 인생을 살면서 일할 수 없겠다는 생각이 들었다.

그런 중에 클라이영어를 알게 되었고, AI 학원 관리 프로그램을 포함한 클라이의 완전학습 시스템을 도입하기로 했다. 그러자 전체 120명이었던 학원생이 2021년 12월 현재 300명으로 약 150%가 늘어났다. 그런데도 강사 증원 없이도 완전학습을 제대로 실현하고, 대기자만 해도 60명씩 밀려 있을 정도다.

H원장님은 클라이영어 시스템을 도입해서 완전학습에 대한 확신을 생기자 나름의 계산법으로 280명 정도의 학생이면 강사들이 무리하지 않고도 즐겁게 학원을 유지할 수 있겠다고 판단했다. 보통의 학원들은 학생이 100명대를 넘어서면 차량 운행을 하지만, 이곳은 차량 운행 없이도 잘 운영하고 있다. 걸어서 다닐 수 있는 곳에 학원이 있어야 한다고 생각하기 때문인데, 같은 이유로 거리상 오기가 힘든 학생들을 위해 분원을 오픈할 계획이다.

잘 가르치지만 교사들은 죽을 것 같다

H원장님은 처음부터 관리가 강한 학원을 표방했는데, 내가 지향하던 완전학습과 같은 맥락이었다. 예를 들어 단어 시험 문제 30개를 프린트해서 외워오라고 하고 일정 점수 미만이면 재시험을 봤다. 어떤 아이는 시간이 안 된다고 하면 다른 날에 와서 재시험을 보게 했다. 문제는 그렇게 했는데도 불구하고 일주일이 지나

면 아이들은 다 까먹어버린다는 것이었다. 선생님은 번거로운 재시험 작업을 하고 학생은 암기가 미흡한 상태의 반복이었다. 그러면 또 후속 조치가 있어야 해서 단어 하나만 해도 선생님들은 힘든 작업을 계속해야 했다.

사실 단어는 기본 영역일 뿐 아이들이 그 단어를 사용해 잘 말할 수 있고 글로 잘 적을 수 있게 만드는 시스템을 만들고 싶었고, 선생님들도 그 역할을 해주기를 바랐다. 그런데 실제로는 선생님들이 계속 프린트하고 채점하는 데 모든 시간과 에너지를 쏟게 되는 상황, 한 마디로 잔업에 지치는 상황이었다. 좋은 역량의 선생님을 뽑아놓고 계속 채점만 하라고 시키는 꼴이었다.

이런 것들을 해결하기 위해 H원장님은 업무량을 덜어줄 프로그램에 관심을 갖게 됐고 다양한 시도들을 했다. 주변의 다른 학원들을 돌아다녔고 영역별로 잘한다는 학원들을 찾아가서 어떤 콘텐츠, 어떤 도구들을 어떻게 쓰고 있는지 알아봤다. 프로그램 세일즈를 하는 분들에게 방문을 요청해서 들어보기도 하고, 설명회도 열심히 참석했다. 가르쳐본 사람이 잘 안다고 생각해서 '원장님이 직접 개발'이란 타이틀이 붙어 있는 콘텐츠는 다 찾아다녔다.

선생님들의 과도한 업무량을 줄여보고자 도입해본 프로그램들이 있었는데, 기본적으로 사람이 하는 것보다 더 나은 관리를 원했던 것이라 그녀와는 잘 안 맞았다고 한다. 어떤 기능에 대해 질문을 했을 때 속 시원히 이유를 설명해줄 수 있는 사람이 별로 없었고, 왜 그걸 만들었는지 모른 채 그냥 좋다고 말하는 사람들이 많왔다. 많은 프로그램을 체험해봤는데 그녀가 원하는 부분을 최대한 많이 수용하는 것을 찾아보기 힘들었다고 한다. 일부의 특정 문제만 해결할 수 있는 프로그램이 대부분이라서 이것저것 가져다가 짜깁기를 해야 했다. 각 프로그램을 따로 세팅해야 하는 번거로움은 또 다른 일거리가 들어가는 아주 힘든 과정이 된다. 리스닝은 A프로그램, 단어는 B프로그램, 독해는 C프로그램을 해야 되는 상황이 생기는 것이다. 영어의 6개 영역에서 프로그램을 모두 따로 쓰면 아이디 외우는 것도 힘들고, 각 프로그램마다 설정법이 달라서 로그인할 때마다 헷갈렸다.

에너지 소모 없이도 될 때까지 클리어

처음 클라이영어를 소개받았을 때 H원장님은 중학교 3학년까지 수능 영어를 완성하는 것을 목표로 학생과 선생님이 상담을 통해 최종 학습계획을 설계하는 점이 자신과 잘 맞다고 생각했다. 자칫 온라인 양이 너무 많은 것으로 오해하는 부모님들이 있는데, 이게 왜 필요하고 결과물을 어떻게 끌어내는지 보여드렸다. 기계와 사람의 힘을 어떻게 조화롭게 사용하는지 영역별로 설명하는 것이다.

처음엔 중등부 70명만 자동화 시스템을 써봤는데, 너무 잘 적응하고 아웃풋이 눈에 막 보였다. 아이들 스스로 완전학습을 해나가는 과정을 알게 되고 부모님들도 곧 알게 됐다. 결과가 좋으니까 이후로 초등부 고학년으로 확대해서 적용하기 시작했다.

이 학원은 말하기가 유명했는데, 클라이에 온라인수업이 많으니까 말하기가 부족할 수 있겠다고 학부모들은 생각할 수 있다. 그런데 말하기를 강조하는 학습이어도 암기는 기본이다. 이게 되지 않으면 학생들에게 또 외우라고 강조해야 한다. 그전에는 지겹도록 외우라고 잔소리하면서 말을 이끌어냈는데, 이제는 그렇게 하지 않아도 클라이의 자동화 시스템으로 계속 녹음하고 말하도록 시키기 때문에 이끌어내기가 더 쉬워졌다.

그전에는 전자도서관에서 이북을 다운로드해서 프린트를 다 붙이고 "외웠니? 안 외웠으면 남아라" 그래도 안 되면 "어머니, 몇 쪽까지 외우게 해주세요" 이런 흐름이었다. 지금은 프로그램이 제시하는 대로 똑같이 따라서 녹음하게 해달라고만 하면 된다. 암기하는 걸 툴이 해주는 것이다. 예전엔 잔소리를 했고 그게 어머님들 숙제였으니까 아이들과 싸웠지만, 지금은 그럴 필요가 없어졌다. 선생님은 더 디테일하게 보이스 톤이나 아이 컨택 등을 체크해줄 수 있다. 질적인 상승이 가능한 것이다.

학원 업무 중에 선생님들이 힘들어하는 것 중 과반수를 차지하는 것이 암기, 프린트, 채점 등 잔업의 연속이었다. 그런 것들이 업무량에서 배제되면서 선생님들의 에너지가 낭비되지 않고도 말하기에 에너지를 쏟는다는 것이 이제 이 학원의 아이덴티티가 되었다.

독해 영역에서도 그전에는 고민되는 부분들이 많았는데, 지금은 '스위치 학습'이란 툴로 초등부부터 독해를 연습시키고 있다. 읽기는 어렸을 때부터 시켜야 하지만 여러모로 실행하기가 힘들었다. 인력을 동원해 구문을 잘라서 해석해주는 식으로 버거운 작업들을 해냈는데, 자동화 시스템이 여기서도 힘을 발휘하고 있다. 아이들은 주입식 강의를 듣는 게 아니라 자신이 공부한 걸 직접 발표하다 보니까 지금은 아이들이 선생님보다 해석을 더 잘한다.

이제야 채점자가 아니라 교육자가 됐다

이 학원은 문법 위주의 학원, 독해 위주의 학원, 스피치 위주의 학원이 아니라 6개 영역 하나도 놓치지 않고 끝내는 학원을 지향했고, 그래서 자동화 시스템은 꼭 필요했다. 클라이 시스템의 장점으로 작은 디테일이 많다는 점을 꼽았는데, 그 덕분에 6개 영역을 한꺼번에 관리하기가 편해졌다고 한다.

학생들은 사실 하는 공부가 너무 많다. 영어도 해야 되고 수학도 해야 되고 국어도 해야 되고 또 다른 과목들도 있다. 그래도 영어학원은 그 책임을 다해야 하니까 아이들의 실력을 키우기 위해서는 일정량의 학습 과제를 내줄 수밖에 없다. 그걸 소화하기 위해서는 가정에서도 마찰이 생길 수 있다.

그전에는 단어를 정말 외웠는지 일일이 앉혀놓고 확인해야 했고, 리스닝은 정말 귀를 열고 들었는지 확인하지 못해 답답해했다. 잔소리, 어머니 상담 등 약간의 강압이 들어가야 할 수 있는 것들이었다. 그런데 이런 것들은 에너지를 아주 많이 소모시킨다. 이제는 자동화 시스템이 있어서 쓸데없이 에너지 소모가 들어가는 일이 없어졌고 어머니와 학생들 간의 관계가 좋아졌다고 한다. 결과적으로 부모와 자녀의 부딪힘이 확 줄었기 때문이다.

그전에는 아이가 안 하면 어머님과 통화해야 하고 어머님들은 전화를 받은 후에 "야, 학원에서 전화 왔잖아"라고 잔소리를 시작한다. 마치 싸움을 유발하는 것 같아 죄책감도 들었지만, 그래도 책임을 다해야 하니까 어쩔 수 없다고 여기곤 했다. 클라이 시스템 도입 후에는 웬만한 건 다 눈앞에서 시켜버리고 끝내니까 어머니가 집에서 고통스러워하지 않아도 된다. 입학 상담을 하면서 "이 학원 숙제 많나요?" 묻는 경우가 많다. 그 어머니의 심리는 '나는 이게 지긋지긋해'라는 뜻이다. 클수록 이런 스트레스는 더욱 많아진다. 해야 할 모든 학습을 학원에서 다 완수할 수 있다면 갈등은 확연히 줄어들 것이다.

H원장님은 이제야 진짜 교육을 할 수 있겠다고 말했다. 채점하다 끝나는 수업이 아니라 한 사람이라도 더 직접 케어하는 것을 말하는 것이다. 채점하고 테스트하느라 시간을 다 보내는 것에 대해 어떻게 해결할 방법이 없었는데, 지금은 모르는 것, 틀린 것을 집중적으로 피드백해주고 대화를 나누면서 학생과 진짜 호흡하는 걸 드디어 할 수 있게 됐다.

스웨덴, 중국에서도 영어 배우러 오는 학원

• • •

가맹 사업을 하는 과정에서 전국의 많은 영어학원 원장님들을 만났다. 클라이영어를 도입하고 엄청난 성과를 내고 있는 많은 원장님들의 특징을 살펴보고, 나와 마찬가지로 완전학습에 대한 열망이 있었다는 것을 확인했다. 자동화 시스템 없이 수작업으로 완전학습을 실현하려고 했던 경험이 있기 때문에 클라이의 자동화 시스템을 접했을 때 그분들은 누구보다 빠르게 그 가치를 한눈에 알아봤다.

코로나 팬데믹이 터지기 직전이었던 2019년, 연고도 없는 세종시로 이사하고 1인 원장으로 6개월 만에 안정적으로 학원을 운영하고 있는 J원장님이 있다. 60명으로 마감 인원을 정했는데 금세 마감되고, 들어오고 싶다고 대기 중인 아이들만 또 60명이라고 한다. 그전에 인천에서 공부방을 할 때는 강사 없이 그 많은 인원을 케어하는 것이 불가능한 일이었다. 47명을 가르치는데도 어느 날은 잠자리에 누웠을 때 10명 정도는 얼굴도 못 봤다는 사실을 깨닫고 마음에 자괴감이 들어서 괴로웠다고 한다. 지금은 아이들 인원이 늘어났는데도 불구하고 모두와 아이 컨택을 하면서 이야기할 수 있을 정도로 여유가 생겼다. 모든 게 클라이 시스템의 도입과 동시에 가능해진 일이다.

J원장님은 세종시에 온 지 두 달 만에 코로나19로 인해 휴원도 했었다고 하는데, 온라인 학습으로 인해 오히려 안정적으로 학원을 운영할 수 있었다. 블로그와 유튜브 활동을 활발히 했었던 덕분인지, 어느 날은 스웨덴에서 전화가 왔다. "다음 달에 한국으로 가는데 그 학원에 다니고 싶다"라는 내용이었다. 중국에서도 전화가 온 적이 있다. "이번에 한국으로 들어가는데 마침 그 동네로 이사를 갑니다. 그 학원에 다니고 싶습니다." 그 아이들은 지금 실제로 이 학원에 다니면서 잘 적응하고 있다.

또 어느 날은 창원시에서 세종시로 이사를 온다며 전화를 걸어온 경우도 있었다. 창원에서 다니고 있던 학원 원장님이 세종에 가면 무조건 이곳으로 가라고 했다는 것이다. 심지어 창원의 원장님은 클라이 가맹점 학원장도 아니었다. 그 아이는 차량 운행을 안 하는데도 버스로 30분 거리를 다니고 있다.

간식, 게임 없어도 아이들은 "재밌다"

인천에서 공부방을 할 때 J원장님은 학생들을 영어 환경에 매일 노출시키기 위해 매일 오는 것을 원칙으로 했는데, 그러다 보니

거의 매일 새벽 2시까지 일했다. 어떻게 하면 자기 주도 학습을 유도할 것인가 연구하느라 일이 많았다. 학생이 30명 이상 넘어가면 업무량이 굉장한 스트레스로 다가오기 마련인데, 의욕은 많았는데 업무 과부하 때문에 아이들에게 미안하고 힘든 마음이 컸다고 한다.

동기부여를 위해 교육 영상도 많이 찍었는데 몇 년간 잠을 반납하며 그렇게 노력했는데도 자기 만족감이 들지 않았다. 학습 결과는 기본 이상은 나왔지만, 생각했던 완전학습의 결과는 아니라는 점에 자괴감을 느낀 것이다. 학습을 시스템화해야겠다고 생각했는데, 그 과정에서 어려움을 느낄 때 터닝포인트를 맞은 것이 클라이 자동화 시스템이었다고 한다. 개인과 개인이 만나는 것을 교육이라고 생각한다는 J원장님의 철학은 이전에 강사 6명을 두고 학원 원장을 했던 경험에 기반을 둔 것이다. 완전학습을 표방하면서 처음에는 잘 시작했다가 나중에는 원장의 수익이 0원이 되자 학원을 접게 되었다.

세종시에서 학원을 새롭게 오픈할 때 J원장님은 '나는 경영자가 아니라 교육자다'라고 매일 밤마다 마음속으로 외쳤다고 한다. 클라이의 완전학습 자동화 시스템을 장착하고 시작했기 때문에 원장님은 전혀 두렵지가 않았다고 한다. 완전학습을 지향하는 수업을 해봤기 때문에 '이거면 된다!'라는 확신이 들었던 것이다. 그는 지금 강사 없이도 7~8시면 퇴근하는데, 그러면서도 학습 효과는 인천의 공부방 시절보다 굉장히 잘 나와서 입소문이 퍼졌다. 교재의

3~4단원을 노래하듯 외우고 있는 아이를 보면서 "도대체 어떻게 하길래 아이가 바뀌었죠?"라는 피드백을 주는 부모님도 있었다.

코로나19 기간에도 학습 효과가 입증되니까 오히려 성장세가 두드러졌던 클라이 가맹점이 많은데 이곳도 마찬가지였다. 게임, 간식, 마일리지 같은 것이 전혀 없어도 아이들은 온전히 공부만 하면서도 재밌다고 한다. 70분씩 일주일에 다섯 번 매일 수업하는데도 아이들은 그 시간이 짧다고 말한다. 어머니와 상담할 때 가끔 먹을거리 제공이 있는지 물어볼 때가 있는데 J원장님의 응답은 확고하다. "먹는 것은 1초의 만족감입니다. 그러나 아이가 어렸을 때 영어를 공부해서 성취감을 맛보게 해주는 것은 평생 갑니다." 이 학원에서는 영어 공부의 성장점이 탁 터지는 모습을 볼 수 있었다. 그 후부터는 영어 공부를 하지 말라고 해도 아이들은 열심히 한다.

학습 성과야말로 진정한 동기부여다

영어를 잘 못하는 아이가 변화하려면 작은 성공의 경험을 줘야 한다. 하나를 성공하면 다음을 도전하려는 씨앗이 되고 동기부여가 된다고 J원장님은 말했다. 이것이 바로 온라인 학원이 아니라 대면 학원을 다니는 이유가 된다. AI를 표방하는 온라인 학습 콘텐츠들이 꽤 있는데, 만약에 학습 성취가 학생들 마인드와 자기 주도력에 달려 있다는 전제가 깔려버리면 성과는 보장하기 힘들다. 그래서 부모들은 굳이 학원을 보내는 것이다. 원장님들이 그 역할을 해줬으면 좋겠다는 것이다. 그런데 현실적으로는 학원에 학생 수가 늘어나면 늘어날수록 아이들에게 들어가는 선생님의 케어는 줄어들 수밖에 없다. 잘 되는 학원이 오히려 인풋이 줄어드는 상황은 굉장한 딜레마다.

많은 아이들이 동기부여를 잘 받지 못해서 영어를 못하는 경우가 허다하다. 이 동기부여라는 걸 해주기 위해 J원장님은 설득하고 진로를 보여주고 직업에 대해 이야기하곤 했다. 클라이의 자동화 시스템을 도입하기 전에는 동기부여 영상을 만들어서 보라고 권유하기도 했고 영상을 볼 수 있는 단말기도 학원에 여러 대 갖다놓곤 했다는데, 이제는 그런 게 다 필요없어졌다.

성적이 오르고 공부에 재미가 붙으니까 아이들은 알아서 공부를 하게 됐다. 자신감은 당연히 따라붙었고, 성취욕이 성적을 통해 드러나니까 알아서 공부하게 되었다. 진짜 공부를 잘하게 되었을 때의 재미를 아이들이 알게 된 것인데, 동기부여란 결국 그 아이에게 맞춘 성장이었던 것이다.

클라이 자동화 시스템을 사용하면 일대일 개별 맞춤 커리큘럼이 가능하다는 것은 코로나 시대에 메리트가 되었다. 학습 격차가 심해지다 보니까 신생 학원일수록 수업 구성이 어려운데, 실력이 달라도 같은 반 구성이 가능해지면서 눈에 띄는 학습 효과가 나왔다. 개별 학습 설정은 6개 영역 모두 변경이 가능해서 아이의 상태에 맞춰 실시간으로 학습 조절을 하고 수준에 맞는 학습을 할 수 있다.

영어 학습을 하는 주체는 아이들이기 때문에 효과에 대해서는 아이들이 먼저 알아본다. "그전에는 문제집 한 권 풀기가 바빴는데 지금은 다양한 문제집을 다 하기 때문에 점수가 안 나올 수가 없다"는 것이 J원장님의 설명이다. 그만큼 아이들의 자부심도 대단하다.

상위 10%도 하위 10%도 모두 완전학습

학생들 중에는 그룹 수업을 하든 일대일 개별 맞춤 수업을 하든 높은 성적을 거두는 아이들이 있다. 그렇지만 일반적으로 50%는 교재의 도움과 레벨 설정이 필요한 학생, 30%는 어느 프로그램으로 해도 학습 성과가 안 좋은 포기 상태의 학생들이다. 그러나 이 모든 학생들에게서 성과를 볼 수 있는 것이 클라이의 완전학습 자동화 시스템이라고 J원장님은 말한다.

중위권은 말할 것도 없고, 하위권 아이들에게도 자동화 시스템은 통한다. 어떤 학원에서도 효과를 보지 못해서 학원이란 학원은 다 돌아다니는 아이들이 있다. 그런 아이들이 클라이 시스템을 만나면 개인에게 딱 맞는 학습 레벨을 맞춰주고 단계별 학습을 하기 때문에 충분히 성적이 올라간다. 영역별 학습 이해와 진도를 아이 특성에 맞춰 조절할 수 있기 때문이다. 클라이에서는 학습 프로그램에 관리 프로그램이 더해져 있어서 학습을 따라가지 못하는 아이들이 따로 관리된다. 그 아이들을 위한 보충학습 단원과 시험지까지 자동으로 제시되기 때문에, 누구도 학원을 다니면서 들러리만 서다 갈 필요는 없게 된다.

모든 레벨의 아이들이 학습 효과를 내는 것은 사실 약간의 노하우가 필요하다고 J원장님은 말했다. 질병에 걸리면 의사가 처방을 내리듯이 영어에 대한 '처방'을 내리는 것이다. 그 아이에게 맞춘 솔루션을 그때그때 내놓을 수 있는 원장님들의 디테일도 필요하다. 보통의 학습 프로그램은 레벨 설정을 한 번 정해놓으면 그냥쭉 지속해야 하지만, 클라이는 즉각적인 맞춤 처방을 할 수가 있어서 노하우가 있는 원장님들이 빛을 발휘할 수 있다.

아이들은 너무 쉬워도 흥미를 잃어버리고 너무 어려워도 거부감을 일으킨다. 경계선에서 난이도를 10~15% 정도 올렸을 때 성장하는 걸 볼 수 있는데 이걸 바로바로 클릭해서 미세하게 조정할수 있다. 단어 암기 개수, 딕테이션 빈칸 개수 등을 조정해줌으로써 아이들은 점점 성취감을 느끼고 뿌듯해한다.

맞춤학습으로 성취욕을 올려주기 위해 처음에는 객관식으로 아주 쉽게, 2단계는 조금 어렵게, 3단계는 더 올려서 하다 보니까 기적 같은 일이 벌어졌다. 아이들이 먼저 찾아와서 "좀 쉬운데 올려주세요"라고 이야기하는 것이다. "이거 너무 어려워요. 조금만 낮춰주세요"라고 말하는 아이만 있는 게 아니다. 무조건 쉬운 것만찾던 아이들이 점점 자기 주도 학습이 되어가는 모습을 보여주고있다.

J원장님은 외고 지망생 2명의 사례를 들어 이야기한다. "공부해

볼 건 다 해본 아이들이라 이미 너무 잘해서 사실 걱정했다. 레벨 테스트를 봤을 때 고등학교 1학년 예상 등급이 1등급, 2등급인 아이들이었다. 클라이 시스템에서 이런 완성형 아이들까지 너무 재밌어하면서 공부하는 걸 보고 더욱 확신이 들었다."

학원을 확장해도 되는데 왜 안 하냐고 주위에서는 질문이 쇄도하지만, J원장님은 생각하지 않고 있다. 원하는 삶의 방향이 봉사하는 삶이었기 때문이다. 예전에는 그런 일들을 하고 싶어도 시간이 없었는데, 그는 지금 지역에서 아이들을 무료로 케어해주는 선한 봉사활동을 하는 중이다.

선생님이 아니라 학생이 바쁜 수업

• • •

영어는 6개 영역이라서 한 과목이 아닌 각기 다른 여섯 과목으로 생각하고 가르쳐야 한다. 그래서 영어학원은 교사가 매우 바쁜 교육 환경이 조성될 수밖에 없고, 완전학습을 실현시키기란 매우 어려운 일이다.

K원장님은 강의식 수업 방식으로 10년 넘게 운영해오다 단 2개월 만에 200명의 학생을 100% 개별 맞춤 수업으로 전환하는 데 성공했다. 원장님은 다른 영어 브랜드에서 10년 동안 수업하면서 대상까지 받았다고 하는데, 이미 잘나가던 학원이었는데도 클라이영어 도입으로 변화를 시도한 결정한 이유가 있었다. 바로 강사 충원의 문제였다. 다니던 선생님이 임신 후 퇴직하겠다는 상황이었고 주로 강의식 수업을 하고 있었기 때문에 선생님 한 분이 없어지면 아이들이 아예 수업을 못하는 상황이 벌어진 것이다. 퇴사 날짜는 다가오는데 광고를 내도 면접 보러 오는 사람이 없어서 고민이었다고 한다.

K원장님이 10년 넘게 노하우를 쌓아오던 브랜드가 있음에도 클라이의 자동화 시스템으로 바꾼 것은, 강사를 뽑는 것이 계속 어려워질 전망이었기 때문이다. 선생님이 그만둬도, 원장이 자리를 비워도 제대로 돌아가는 학원이면 좋겠다는 염원이 강했다. 자동화 시스템을 도입한다면 강사 인원이 갑작스럽게 줄어도 기존의 순발력 좋은 베테랑 선생님만 있으면 당분간은 충분히 수업을 유지할 수 있겠다는 생각을 한 것이다.

　　그동안 단어가 됐든 리스닝이 됐든 수업을 진행하면서 항상 '뭔가 더 해줘야 되는데'라는 생각이 상당히 많았는데, 클라이 시스템으로 전환되면서 그것에 대한 답을 하나씩 하나씩 찾게 된 것 같다고 했다. 이제는 선생님의 활약이 중요한 시대가 아니라 그에 못지않게 프로그램의 비중이 필요한 시대가 됐다는 생각을 했다고 한다.

"메타인지가 정말 가능한 거였어?"

　　K원장님은 클라이영어의 최고 장점을 충분히 완전학습이 가능하도록 데이터베이스가 구축돼 있다는 것으로 꼽았다. 아이들은 같은 반에 6명이 앉아 있어도 모두 다르다. 학생들의 다름을 인정해주는 것이 클라이의 장점이라고 했다. 그 다름을 인정하기 때문에 아이들에게 완전한 개별 학습이 가능해진 것이다. 이것을 기반으로 아이들은 대충 아는 습성이 없어졌다.

'학생들에게 도움이 되는 진정한 교육은 무엇일까?' K원장님은 끊임없이 고민하고 질문해왔다. 그러다 보니 궁극에는 단 하나의 낙오자 없이 학생의 개인별 역량을 극대화할 수 있는 개별 맞춤 수업과 상위 0.1%만 가지고 있다는 메타인지까지 상승시킬 수 있는 수업을 원하게 되었다. 그런데 문제는 이게 쉽지 않았다는 것이다.

메타인지의 기본은 생각이다. 스스로 질문하고 답할 수 있다면 아이들은 자신이 안다는 걸 "확실하게 안다"라고 이야기할 수 있을 것이다. 선생님이 수업 시간에 설명을 하는 것처럼 완벽하게 이해해야 메타인지가 된 상태다. K원장님은 "메타인지에 대해서는 요즘 동시대를 살고 있는 교육자라면 다들 생각하고 있고 이론도 분명히 알고 있을 것이다. 클라이는 그걸 할 수 있는 기회를 주는 시스템이다"라며 좋아했다. 메타인지에 대한 갈증을 갖고 있었다가 실제로 이걸 실현할 수 있게 된 것이다.

학생이 설명하는 수업을 해보고 싶었지만, 이전 브랜드에서는 현장에서 그런 수업을 시도할 수 없어 아쉬울 때가 많았다. 그런데 지금은 설명하기 수업이 가능해져서 학생이 발표하는 것만 들어도 수박 겉핥기식으로 알고 있는지, 깊이 있게 알고 있는지 파악할 수 있다. 학생이 확실하게 자기 걸로 만들어가는 과정을 직접 목격할 수 있고, 조금씩 조금씩 아이들이 알아가는 걸 함께 느끼고 있는 중이다. 직접 설명하기 위해서는 정확하게 알아야 하기 때문에 학생이 설명하는 수업 방식은 결국엔 메타인지가 되어 있는지 확인하는 방법이 된다.

완전히 체화시키는 완전학습은 메타인지로 가는 지름길이다. 그렇게 되려면 반드시 평가 단계를 거쳐야 한다. 1단계 사전 수업과 2단계 본 수업을 진행하고 나면 될 때까지 무한 복습을 하는 3단계까지 진행해야 완전학습을 실현할 수 있다. 그런데 될 때까지 무한 복습을 하는 3단계에서 많은 학원들이 어려움을 겪는다. 그러나 자동화 시스템이 구축된 뒤부터는 자기통제력이 약한 학생들도 완전학습을 하고 있다. 처음에 교사와 학생이 함께 설정한 대로 자동 진행되는 강제학습 기능이 작동하기 때문이다.

아이들은 정말로 아는 것일까

자동화 시스템을 도입하기 전의 모습을 들어보면 K원장님이 완전학습을 실현하기 위해 고군분투한 것이 보인다. 예를 들어 리스닝의 경우에는 받아쓰기 시트지를 가지고 수업 시간에 두 번 정도 내용을 들려줬다. 두 번 듣는 동안에 문장을 완벽하게 다 듣고 빈칸을 채우는 아이들은 많지 않았다. 학습 내용이란 다소 어려운 게 들어가야 학습적으로 성장할 수 있기 때문에 꼭 빈칸이 생기게 마련이다.

선생님 입장에서는 서너 번도 더 들려주고 싶지만, 수업이라는 게 진도를 나가야 해서 시간상 그렇게 하지 못한다. 마음껏 듣고 제대로 귀가 뚫린 상태에서 학습 진행을 하는 게 어려운 것이다. 알 때까지 문제를 풀게 한다는 건 현장에서 그만큼 힘든 일이었다.

많은 원장님들이 문법을 가르치는 데에도 고민이 많다. 선생님이 강의를 하고 아이들은 문제를 풀어본 뒤 채점한다. 그다음에는 틀린 걸 분석한다. 선생님이 "왜 답을 이렇게 썼니?" 물어보지만 아이들은 별생각이 없다. 아이들이 대체로 많이 틀리는 부분은 쪽지 시험을 본다든지 해서 관리에 들어가는데, 이걸 위해서는 수업 중에 개인별 레슨 플랜을 메모해야 된다. 그 아이들은 내일 해야 할 거리가 있다는 것이고 그걸 준비하기 위해서는 자료를 또 만들고 프린트를 한다. 다음날이 되면 그걸 나눠주고 또 시험을 본다. 그렇지만 아이들은 단어를 몰라서 또 틀리는 경우가 많다. 아이들이 알 때까지 문제를 풀게 한다는 것은 선생님이 아무리 노력해도 힘들 수밖에 없다.

그리고 문법이라는 건 20%가 이해의 영역이라면 나머지 80%는 스스로 암기해야 할 영역이다. 수업 시간에는 암기가 다 됐는지 확인하지 못한다는 것이 또 문제다. "이해했니?"라고 물어보면 아이들은 이해했다고 한다. "그러면 지금부터 선생님한테 왜 현재완료를 써야 하는지 설명해볼래?"라고 하면 "음, 선생님 있잖아요"라고 할 뿐 다음 말을 이어서 하지 못한다.

K원장님은 2017년에 색다른 시도를 한 적이 있다고 한다. 먼저 선생님이 문법 강의를 짧게 한다. 그다음 학생들은 강의 내용을 가지고 2명씩 짝을 만들어 스케치북에 프레젠테이션 자료를 만들고 친구들에게 발표하는 형태의 수업을 진행했다. 좋은 시도였지만 그게 의도했던 대로 진행이 안 됐고 두 달 이상을 버티지 못했

다. 시간상의 문제도 있었지만 아이들이 정확하게 알고 발표하는지 외운 걸 읊고 있는지 확인이 안 됐던 것이다. 아쉬움이 남았는데 클라이 프로그램을 살펴보면서 '어라? 진짜 그걸 할 수 있게 구성되어 있네' 하면서 놀랐다고 한다. 메타인지를 키우는 완전학습이 가능하겠다 생각된 것이다.

왜 문제를 틀렸는지 학생이 설명한다

벤저민 블룸의 완전학습 이론은 개별화 수업을 지향하며 수업 구성이 예습(사전 수업), 본 수업, 복습(평가와 보충학습)으로 이루어져 있다. 클라이영어에서도 아이들은 집에서 강의를 들어야 되고 문제를 풀어와야 한다. 조금은 낯설고 새로운 것이다. 보통의 학원에서는 강의를 듣고 문제를 푼다. 항상 복습 개념으로 숙제를 해왔던 아이들이 예습 개념으로 숙제를 하고 있으니 처음에는 낯설게 느꼈다. 그러나 예습을 과제로 하기 때문에 수업 현장에서는 테스트도 원활하게 이뤄지고 학생들이 틀린 문제를 직접 설명하는 수업이 가능해진다. 아이들은 속된 말로 '빡센' 시간을 보낸다. 1분도 버리는 시간 없이 빈틈없이 공부하는 것이다.

K원장님의 학원에서 강사들은 아이들에게 이렇게 말한다고 한다. "이제부터 선생님은 학생이고, 너희들은 선생님이 되는 거야. 그런데 꼭 잊지 말 것은 이 선생님은 학생이지만 아주 똑똑한 학생이야. 그러니 슬쩍 공부해서 설명하려고 하지 마. 완벽하게 네가

이해했다는 걸 보여줘야 해. 슬쩍 봐도 다 알 수 있어. 그러니까 확실하게 준비해서 설명해봐." 그렇게 강조하면서 아이들을 트레이닝시키고 있다고 한다.

학원에서 보통의 아이들은 생각을 많이 안 한다. 그걸 개선하고 싶었지만, 그전에는 시도해볼 수 있는 여유가 없었다. 지금은 원장님도 강사들도 여유가 생겨서, 아이들이 자기 생각을 정확하게 표현할 수 있는 시간을 더 줄 수 있는 학원으로 변화할 수 있었다. 아무 생각 없이 들러리로 앉아 있다가 가는 아이들은 이제 없다. K원장님은 그전까지 왠지 모르게 느껴지던 죄책감이 지금은 별로 들지 않는다고 했다. 아이들에게 해주고 싶은 만큼 충분히 시간 투자를 하고 있기 때문이다.

아이에게 부족한 것이 있을 때 학생들의 스케줄 조정 문제, 교사의 바쁜 업무 등의 현실적인 문제로 해결하기 힘들었다. 이제는 그런 것들 신경쓰지 않고 학생이 현재 하던 그 시간에 뭔가를 해줄 수 있게 되었다. 아이의 학습 역량에 따라 개별 맞춤으로 학습량을 늘려줄 수도 있고 줄여줄 수도 있다. 교재나 진도의 레벨을 낮추거나 높여서 속도 조절을 하는 것도 가능하다. 이런 건 아이 입장에서는 엄청난 혜택이다. 자동화 시스템 덕분에 아이들을 더 깊게 볼 수 있는 시간이 허락됐다고 K원장님은 말한다.

소통하고 격려하는 진정한 휴먼 터치

• • •

'재미'를 콘셉트로 해서 학원을 잘 운영하고 있었지만 지속가능성을 고민하게 되면서 클라이 시스템을 도입하게 된 D원장님이 있다. 이곳은 초등 전문이면서 재미있다고 소문난 학원이었다. 그러다 보니까 아이들은 계속 재미를 원했다. 기본적인 영어 교육은 이뤄지고 있는데도 조금만 재미가 없어지면 아이들은 흥미를 잃었고, 잘 가르치는 강사가 오면 잘 있다가도 그 강사가 나가면 아이들도 그만두곤 했다. 그러다 보니 영구적인 시스템으로서 '재미' 콘셉트를 유지하는 것이 힘들었다.

계속해서 재미있는 이벤트를 준비하고 계속 강사들을 교육시켰지만 한계는 있었다. 원장이 혼자서 계속 재밌게 해주고 그걸 유지하는 데는 한계가 있었다. 영어학원이 공부를 시키는 곳이지 이벤트 회사는 아닌데 본질이 약해진다는 생각이 들어 고민이 많았다. 영어 공부라는 본질을 지키면서 재밌게 할 수는 없는지, 단순히 노는 것으로 재미를 주는 것이 아니라 학생이 스스로 성취감을 느끼고 영어 공부가 재밌어서 학원을 다니는 걸로 바꾸고 싶었다. 그런데 그게 가능할까? 도대체 무엇을 어떻게 해야 할지 별궁리를 다 해봤다.

그러던 와중에 클라이 시스템을 접했을 때 D원장님은 너무 이상적이라는 생각이 들었다. '저게 과연 가능할까' 싶은데, 정말 가능하다면 이것이야말로 정답이라고 생각했다. 클라이 시스템을 쓰는 다른 원장들의 사례에서 학원 관리 노하우까지 구비돼 있는 걸 보고 당장 안 할 이유가 없다고 생각했다. 이 시스템으로 영어 교육에 관해 아주 탄탄한 본질을 갖추면 이벤트, 경영, 마케팅은 자신 있으니 천하무적이 될 것 같다는 생각이 들었다고 한다. 결국 클라이 시스템을 도입한 결과, 원장님은 그동안의 고민이 말끔히 해결되는 경험을 했다.

휴먼 터치는 업그레이드된다

학원의 콘셉트를 설명할 때 D원장님은 "강의실에서 아이들에게 스타처럼 쇼를 해요. 아이들이 나의 매력에 빠져들게 만드는 것이죠"라고 했다. 그런데 모든 강사들이 그렇게 할 수는 없었고, 원장님도 계속 나이를 먹으니까 한계가 있었다. 클라이 시스템을 도입한 후로는 쇼를 할 필요가 없어졌고, 그저 아이와 깊은 대화를 하면서 수업을 하게 됐다. 그때 정말 많은 교감이 된다고 한다. 그전에는 아이들을 집중시키려면 잡담이나 재밌는 이야기를 꺼내야 했다. 그런데 지금은 교사와 학생이 모두 원하는 영어 공부로서 교감하기 때문에 만족감이 커졌다.

영어를 잘하지 못하는 아이들에게는 질문을 더 많이 했다. 학생의 대답을 들으면서 "잘했어", "진짜 장난 아니다"라고 칭찬해주면 아이들은 으쓱해졌다. 그 결과 도입한 지 6개월 만에 문법 시험을 봤는데, 평균 점수가 90점이 나왔다. 결과는 놀라웠다. 클라이 시스템으로 공부했다는 점이 달랐을 뿐인데, 이전의 평균 점수 60점과 비교하면 엄청난 상승 효과가 있었던 것이다. 시험 결과가 나오면 방학 때 특강을 들으라고 권유하는 것이 늘 이어지는 일이었는데 그럴 필요도 없어졌다.

교무실에서 그 결과를 교사들과 같이 공유하자 다들 감탄을 내질렀다. "우리 그동안 뭘 한 거니?" 싶었다고 한다. 무엇보다 아이들의 논리력이 아주 높아졌다는 걸 실감했다. 수업 시간에 아이들이 스스로 설명을 해야 하기 때문이다. 그전에는 남자친구 얘기, 여자친구 얘기로 휴먼 터치를 시도했다면, 지금은 오로지 영어 하나 가지고 학생들과 이야기하는 사이가 됐다. 정말 바른 방향으로 가고 있다며 D원장님은 만족감을 표현했다.

이 학원에서는 강사들과 시뮬레이션 단계를 거쳐 수업을 연구했기 때문에 초단위로 아이들이 뭘 할지 강사들이 뭘 할지 정해져 있다. 정말 특이한 경우를 빼고 낙오되거나 흐트러지는 경우는 없다. 기계적으로 모든 아이들과 강사들이 움직인다. 이전에는 도떼기시장 같았던 온라인실도 체계를 잡아서 이제 모습이 많이 달라졌다. 지금은 강의보다 훈련 위주가 되었고 온라인 학습을 메인으로 가지고 가되 학습 후 휴먼 터치가 계속된다.

시스템을 바꾼 후로는 부모님들과 상담할 때도 자신감이 붙었다. "말발이야 자신 있고 나의 매력을 팔 자신은 있었지만, 시스템에 대한 자신이 없었어요. 지금은 하늘을 우러러 한 점 부끄러움이 없어요." D원장님은 아이들의 귀한 시간을 이렇게 탄탄하게 관리하고 있다는 것에 대해 너무나 떳떳해졌다고 말한다. 완전학습이란 쉽게 말해 예습하고 강의 잘 듣고 복습하면 되는 것인데, 그걸 빈틈없이 확실하게 실행할 수 있는 시스템이 갖춰져 결코 아이가 공부를 못할 수가 없는 상황이 됐다. 강사들의 열정은 이미 소문이 나 있는 상태였고, 영어 학습을 관리하는 능력이 장착되면서 다음과 같이 부모님과의 대화에 힘이 실리고 있다.

"아이가 학원에 와서 딴짓할 자투리 시간은 1분도 없어요."

"마지막에 문장 암기를 하는데 미션으로 들어간 열 문장을 통으로 다 암기해서 도장을 받았습니다."

"이 아이는 한 가지 문법에 대해 이론을 설명했고, 틀린 문제에 대한 이유를 설명했고, 그걸로 서술형까지 영작할 수 있도록 훈련했습니다. 거기에 스피킹 테스트까지 했습니다. 더 이상 완벽할 수 없죠. 이미 예습까지 해온 아이니까요."

듣고 싶던 말, "한 번 더 하고 싶어요"

클라이 시스템 안에서는 데이터 관리가 확실해서 아이들이 학습하지 않은 걸 했다고 거짓말할 수가 없다. 특히 보충학습 시간에는 그날 해야 할 복습이 자동으로 뜨기 때문에 선생님은 학습이 완료됐는지 더 확실하게 체크할 수 있다.

아이에게 "했어, 안 했어?" 물어보는 게 아니라 "이거 아직 안 했네. 어떻게 할 거야?"라고 질문이 바뀌었다. 부모님과 통화할 때도 "지금 독해 훈련이 안 돼 있는데 내일 학원으로 보내실래요? 아니면 통화 좀 할 수 있을까요?"라고 구체적인 조치를 바로 할 수 있다. 아이들은 감출 수 없음을 알기 때문에 집에서 온라인 학습으로 미완료 학습 내용을 공부하기도 한다. 그러면 조금 있다가 선생님이 바로 확인해볼 수 있다. 선생님, 부모, 학생이 정확한 데이터를 가지고 완전히 연결돼서 즉시적인 소통을 할 수 있다. 그 효과는 이루 다 말할 수가 없다.

물론 자동화 시스템으로 바뀌고 나서도 학습을 못 따라오는 아이들은 있었다. 그래도 후속 조치를 바로 할 수 있어서 한 달 만에 다시 공부 습관이 잡혔다고 D원장님은 전했다. 월수금 반인데 화목 반에도 나와서 계속 같이 숙제를 하고 숙제 검사까지 했다. 본 수업을 잘 따라갈 수 있도록 예습 숙제까지 학원에 와서 하고 다음 날 다시 본 수업을 듣고 복습하는 패턴을 한 달간 했더니 사춘기의 흔들리는 마음이 잡혔다고 한다. 영어 공부는 특히 훈련이 중요하기 때문에 아이들이 스스로 할 수 있게 지켜봐주는 것이 정말 중요

4장 · 학생, 교사, 부모모두가 행복한 교육

하다.

그동안 선생님이 채점과 다른 행정적인 업무를 처리하느라 바빴다면 지금은 아이들과 소통하고 격려해주는 걸로 바뀌었다. 다독여주고 "잘 했어" 칭찬해주는 걸로 충분하다. 그러다 보니까 학생과 교사의 사이가 더 좋아지고 돈독해졌다. 미래에 대해서도 이야기할 시간이 많아졌다. 이전에는 집중시키느라고 시간을 많이 썼는데 지금은 알아서 집중해주니까 미래를 공감할 시간이 많아진 것이다.

모든 아이들이 완전학습이 가능하려면 개별 맞춤은 필수적이다. 그 때문에 벌어지는 신기한 일도 있었다. 아이가 문법책을 들고 와서 "한 번만 더 하고 싶다"라고 말한 것이다. 왜냐고 물었더니 "이해하기가 좀 힘들어서 한 번 더 했으면 좋겠어요"라고 하는데, 그 말을 듣고 원장님은 감격의 눈물을 흘렸다고 한다. 아이들은 보통 한 번 배운 책을 또 학습하는 걸 진짜 싫어한다. 그런데 이런 변화를 보인다는 것은 아이들이 자기 주도력을 회복하고 있다는 뜻이다. 좀 늦게 정신 차린 중학교 3학년 같은 경우에는 하루에 듣는 강의를 늘려 달라고 하는 경우가 많다. 교재 한 권을 완료하는 속도도 빨라졌다. 그 모든 것이 개별 맞춤이 가능하기 때문에 벌어지는 일들이다.

이런 사례가 늘어나면 그걸 보면서 또 옆에 있는 아이가 자극을 받기 때문에 선순환이 이루어진다. 예전 같으면 정말 있을 수 없는 일이 벌어지는 것이다. 전에는 못하는 아이가 전전긍긍하고 있는 동안 잘하는 아이는 계속 대기하고 있는 것이 일상의 모습이었다. 이제는 개별 진도라서 잘하는 아이가 기다리고 있을 필요가 없으니까 학습량이 늘어나고 학습 효과는 말할 필요도 없이 좋아지는 것이다. 그걸 보고 학생은 물론 원장도 강사도 당당해진다.

선생님이 행복해야 아이들도 행복하다

• • •

주변에서 다들 안 된다고 말리는 프로그램 개발에 내가 열심이었던 이유 중에는 강사들을 위한 마음도 있었다. 같이 일하는 강사들에게 지점을 하나씩 주면서 넓혀가고 싶다는 바람이 있었다. 그런데 지점들을 만들려면 가이드가 있어야 하고, 선생님이 다르다고 해서 학습 결과가 다르면 곤란했기 때문에 예습, 수업, 복습이 연계되는 자동화 시스템을 개발하기로 한 것이다.

나중에는 프로그램 가맹사업으로 방향을 수정하긴 했지만, 함께 일하는 강사들이 수작업을 하느라 완전학습 효과에 대한 희생양이 되는 것 같은 상황을 극복하고 싶었던 것은 진심이었다. 가맹사업을 하면서 만난 학원장들을 보면 나와 비슷한 생각을 가지고 계신 분들이 많이 있다. 학생들에게 어떻게든 하나라도 더 머릿속에 넣어서 보내고 싶은 교육자적인 마음도 있지만, 같이 일하는 강사와 함께 꿈꾸고 싶어하는 경우도 많다.

학원장들에게 강사들의 이직은 피하고 싶은 상황이다. 모든 학생을 원장 혼자서 가르칠 수 없을 뿐더러, 시스템을 갖춘 학원을 만들기 위해서 같은 철학을 가지고 함께 호흡을 맞출 수 있는 선생님을 양성하는 일이 중요하기 때문이다.

일산에서 학원을 하고 있는 H원장님은 이런 이야기를 들려준 적이 있다. 일을 잘한다고 생각하던 어느 강사에게 "부원장을 해보지 않겠니?"라고 물었는데 거절당했다는 것이다. 그 이유가 충격적이었다고 하는데, 그 강사는 "원장님처럼 살고 싶지 않아요"라는 말을 남겼다고 한다. 아이들의 완전학습을 위해서 자기 생활도 없이 야근을 밥 먹듯 하면서 수업 준비, 테스트 준비를 하는 걸 보면서 강사들이 많이 떠나갔다고 한다.

클라이 자동화 시스템의 도입 후 H원장님은 이제 강사들과 함께 꿈을 꿀 수 있는 상황이 되었다고 말했다. '누구누구가 떠나면 어떡하지'라는 생각을 하지 않아도 되고 독립을 원하는 강사가 있으면 그것도 언제든 도와줄 수 있게 되었다. 이전에 학생들에게 일대일 지도를 해주다 보면 일이 10배 이상 늘어나곤 했는데, 지금은 "그 학생 어때?" 물어볼 필요도 없고 커리큘럼을 다시 짜고 보고서를 따로 남길 필요도 없다. 지금의 부원장은 바쁘기만 하고 만족감보다는 회의감이 드는 어수선한 수업에서 벗어나 이제는 할 만하다며 즐겁게 일하고 있다고 한다.

강사와의 분쟁과 마찰은 숙명?

학원에서 원장이 학생들을 제대로 파악하지 못하고 학원에 시스템이 없어서 배울 게 없다고 느끼면 직원들과의 마찰이 자주 생긴다. 학생들은 학업 성과가 있지만 그 대신 강사가 과도한 업무를 감당해야 한다고 생각하면 갈등이 심해지기도 한다.

내가 공부방에서 학원으로 다시 오픈할 무렵 나에게도 직원과의 분쟁이 있었다. 공부방을 시작했을 때 나는 '사업을 하겠다'라는 마음이었다기보다는 과외의 연장선으로 생각했기 때문에 공부방을 운영하는 데 지켜야 할 법규에 대해 자세히 알지 못했다. 당시에는 사람을 고용해본 적도 없었기에 더욱 그랬다. 아르바이트생의 급여 책정은 근무시간에 따른 시급을 계산하는 것밖에 생각하지 못했는데 그것 때문에 마찰이 생겼다.

공부방에서 학원으로 재오픈할 때 나는 임신 중이었다. 보통 임산부라면 건강을 위해서 그렇게 큰 일을 벌이지 않을 텐데, 나는 학원을 오픈할 수밖에 없는 상황이었다. 같이 일했던 알바 선생님이 신고를 했기 때문이다. 어느 날 13개월을 근무했던 알바 선생님이 그만두고 나서 연락이 왔다. 급여가 300만 원가량 덜 들어왔다며 퇴직금, 주휴수당, 연차수당, 야간근로수당, 초과근로수당, 휴일근로수당 등을 요구했다. 그후로 이전에 그만뒀던 알바 선생님들까지 똑같은 내용의 요구를 하는 전화가 잇달아왔다. 안 주면 노동청에 불법고용으로 신고하겠다는 협박도 잊지 않았다.

급히 알아보니 공부방에서 강사는 물론이거니와 알바생을 고용하면 불법이었다. 내 무지의 소치로 인해 곤란한 일이 벌어진 것이다. 곧바로 노무사와 상담했다. 5인 미만 사업장에서는 야근근로수당, 초과근로수당, 휴일근로수당을 통상임금 수준으로 지급해야 하고, 각종 급여분쟁에서 불리할 수 있어서 알바생이든 강사든 직원을 고용하는 건 신중해야 한다는 말을 들었다.

아이들 복습을 위해 추가 학습 시간을 봐줄 보조교사는 꼭 필요했는데, 알바생들은 매달 급할 때 몇 시간씩 부탁했던 일, 다른 알바생이 펑크낼 때 근무가 아닌 요일에 근무했던 일 등을 차곡차곡 정리해놓았다. 그리고 그만두기 몇 달 전에 올려줬던 급여 기준으로 퇴직금까지 받아갔다. 알바생들에게 나는 500만 원가량을 지급했다. 당시에 나는 수익이 안 나고 있었던 상황이었는데도 말이다. 나 혼자 가르치면서 공부방의 학생 수가 30명이었을 때 나의 수익은 피크였지만, 이후로는 아무리 학생 수가 늘어나도 필요한 인력도 늘어났기 때문에 인건비를 제하고 나면 수익이 점점 줄어들었다.

학관노 카페에서 강사 문제에 대한 이야기가 올라오면 많은 학원장들이 적어도 100개가 넘는 댓글을 달며 공감해주는 걸 볼 수 있었다. 요식업에서 배달 문제가 있는 것처럼 강사 문제에 대한 분쟁은 학원장이 원초적으로 갖고 있는 문제인데 다들 해결을 포기한 것처럼 보였다. 문제라고 느끼긴 하지만 해결 방법이 없으니 그냥 안고 간다고 생각하는 것 같았다. 나 또한 이 문제는 자동화 시스템을 개발하기 전까지 두고두고 숙제였다.

학원을 오픈한 지 1년 만에 2개층으로 확장하게 됐는데, 학생 수는 170명까지 늘어났다. 30평 정도의 공간이 60평대 규모로 확장되었다. 수치로만 보면 승승장구, 탄탄대로였지만, 강사 문제는 여전히 미완의 숙제였다. 학관노에 완전학습 자동화 프로그램에 대한 글을 올렸을 때 폭발적인 반응이 있었던 것은 강사 문제를 해결할 수 있다는 기대감도 작용했다고 본다. 세미나를 열어 달라고 요청의 댓글이 수천 건이 달릴 정도였다.

아이도, 선생님도 자부심이 올라간다

클라이영어를 잘 활용하고 있는 학원장들의 특징을 보면 사업가로서의 정체성보다 교육자로서의 정체성에서 채워지지 않는 공허함을 느끼고 있던 분들이 많다. 그중 가장 큰 건 공부하는 방법을 습득하지 못해서 알아서 공부하는 게 안 되는 아이들을 케어하기 쉽지 않다는 점이다.

이 점에 대해서 해결이 되면 선생님들의 자부심은 상당히 올라간다. 아이들만 자신감을 갖게 되는 것이 아니다. 자동화 시스템을 개발할 때 중점으로 뒀던 것 중 하나가 이 부분이다. 부진 학생이 자동으로 파악되는 것이다. 우선 테스트 70점 미만 학생이 자동으로 검색되며, 다른 날에 와서 보충을 해서라도 학습을 끝내야 할 아이들이 자동 리스트업된다.

그날 학습을 끝내고 다른 날 안 와도 되는 아이들은 자기 레벨에 맞게 잘 수행하고 있다는 뜻이며, 리스닝, 단어 암기는 월별 랭킹을 생성해서 동기부여 프로그램으로 활용하는 것도 가능하다. 또 학습률이 나오기 때문에 그것도 자연스럽게 동기부여가 된다. 테스트 점수는 레벨을 올리는 계기가 된다. 예를 들어 99점이면 레벨을 올리고, 50점이라면 "다음 번엔 70점 맞자", "다음 번엔 90점 맞자"라고 선생님이 미션을 준다.

잘하는 걸 잘한다고 하면 어느 아이든 다 받아들인다. 그저 느낌으로 하는 말이나 빈말이 아니라 보여줄 수 있는 근거자료가 있기 때문에 아이들도 쉽게 받아들인다. 그전에는 리스닝 같은 걸 칭찬해주기가 힘들었는데 이런 것도 숫자화돼서 나오니까 좋은 자료가 된다. 발표 잘 하는 아이, 말 잘하는 아이만 칭찬받는 것이 아니라 말하기는 잘 안 되지만 리스닝을 잘하는 아이가 있다면 그것도 칭찬거리가 된다. 아이들은 영어의 6개 영역 중 하나만 잘해도 견디는 힘이 생긴다. 칭찬거리가 없으면 아이가 포기할 수도 있다. 그런 경우는 정말 많이 봤다.

여러 가지 관점에서 영역별로 칭찬거리를 만들 수 있는 수치들이 많이 있는데, 한번 잘하는 경험을 맛보면 아이는 공부를 할 만해지고 그 영역을 파고든다. 작은 성공과 작은 자부심이 경험으로 쌓이면 점차 다른 영역에서도 힘을 내볼 수 있다고 H원장님은 말했다.

경기도 용인에서 시스템에 대한 고민을 해결해줄 프로그램을 찾지 못해 고민하던 D원장님이 있다. 그는 클라이영어 도입 후 아이들의 변화를 느끼자 본원을 부원장에게 맡기고 제주로 가서 지점을 하겠다는 결심을 전해왔다. 기업화가 가능하다고 판단한 것이다. 그런 타지에서 새로운 시작을 결심할 수 있는 건 완전학습에 대한 확신이 있기 때문이다. 사람 손을 타지 않고도 강사의 질에 상관없이 클라이 자동화 시스템으로 완전학습을 할 수 있다는 자신감이 생긴 것이다. 선생님에게 자신감이 있어야 학생도 자신감이 생긴다.

BIG
CHANGE

5장

미래 교육의
판이 바뀐다

중학교 3학년까지 수능 영어를 끝내는 이유

• • •

클라이영어의 커리큘럼은 중학교 3학년까지 대입 수능 영어를
완료하는 것으로 로드맵이 짜여 있다. 왜 굳이 그렇게까지 해야 하
냐고 생각할 수도 있는데, 고등학교 영어 교육 과정을 보면 그렇게
안 할 수가 없다. 고등학교 영어는 배우는 과정이라고 말하기는 힘
들다. 교재나 진도가 어마어마한 양이라 쭉쭉 진도를 뽑는 데 급급
하다. 한 번 해석하고 그냥 지나갈 뿐, 아이들의 역량을 키워내는
교육 과정이 아니다.

초등학교는 아이들의 배움을 성장시키는 데 초점을 맞추는 수
업이라고 할 수 있다. 나이가 어릴수록 그렇다. 그런데 중학생이
되고 학년이 올라갈수록 점점 진도를 쳐내는 수업을 하고 등급을
가르기 위한 시험을 보게 된다. 고등학생이 되면 학교는 결과를 보
여주는 곳이 된다. 이전까지는 단답형에 빈칸 채우기 정도의 문제
를 풀었다면 고등학교에서는 서술형 문제를 풀어야 한다. 예를 들
어 '가정법 과거를 이용해서 문장을 만드시오', '5개의 단어가 들어

가게 하시오', '주어는 ××로 설정해서 하시오' 등의 조건을 달고 문장의 주제문을 만들어보라고 한다거나 주인공의 심정을 써보라는 식의 작문 문제가 나온다.

고등학교는 중학교 3학년까지 쌓아온 지식과 학습의 결과를 보여주는 곳이라고 생각해야 한다. 수업에서도 가정법 구문을 디테일하게 설명하는 식의 지식습득 과정이 없다. 그래서 고등학교 올라가서 공부하겠다고 생각하면 완전히 늦어버린다. 내신을 보는 수시전형은 포기해야 한다.

중학교와 고등학교의 가장 큰 차이점은 시험 범위다. 시험 대비 기간은 똑같이 한 달 반 정도이지만, 중학교는 많아야 교과서 3단원이 시험 범위인 반면 고등학교는 모의고사 100개 지문 정도의 양으로 늘어난다. 한 달 반 만에 이걸 공부하고 시험 보라는 이야기는 아닐 것이다. 원래 실력으로 봐야 하는 것이다.

문법적으로 완벽하게 작문을 하지 못하는 상태에서 고등학교에 올라가면 영어 내신은 포기해야 한다. 단시간 안에 절대 할 수 없기 때문이다. 작문은 모든 영역의 최고 상위 레벨인데, 이 단계까지 가려면 중학교에서 모든 걸 끝내야 한다. 그래서 고등학생은 영어가 역전이 안 된다는 말이 나오는 것이다.

중학교 성적 100점이어도 안심할 수가 없다

고등학생은 다른 과목에서도 할 게 너무나 많기 때문에 영어를 중3까지 끝내놔야 고등학교 때 다양한 활동을 할 시간을 확보할 수 있다. 유일하게 영어는 이해의 영역에 속한다기보다 암기가 전제돼야 하는 과목이라서 시간을 엄청나게 잡아먹지만, 대신 언어이기 때문에 다른 과목에 비해 미리 공부하는 것이 가능하다. 그래서 영어만 잡아놔도 입시 준비를 하는 데 아주 큰 도움이 된다.

게다가 영어는 워낙 조기교육을 하는 아이들이 많아서 정말 잘하는 아이들도 많다. 상위권은 어떻게 시험을 내도 100점 맞는 아이들이 많다. 그럴 때는 영어 100점을 맞아도 내신 1등급이 아닐 수도 있다. 입시 전문 컨설팅을 해주는 어떤 분이 양천구의 Y고등학교 사례를 이야기해준 적이 있다. 중간고사 내신에서 11.2%의 학생이 100점이 나왔다. 내신은 정규분포를 따르는데, 상위 누적 4%가 1등급, 11%가 2등급, 23%가 3등급, 45%가 4등급이다. 그런데 11.2%의 인원이 100점이면 이 학교는 1등급이 없는 것이 된다. 100점을 맞았는데도 3등급이다.

이러면 이 학교는 기말고사를 엄청 어렵게 내서 등급을 다시 가려야 한다. 그래서 중학교 때 A등급이었던 아이들이 고등학교에 올라가면 당황하는 상황이 벌어진다. 중학교는 90점 이상 A등급, 80점 이상 B등급, 70점 이상 C등급을 주지만, 고등학교는 상대평가로 비율을 나누기 때문에 어찌 될지 알 수가 없다. 중학교 때 맨날 100점 맞던 아이가 고등학생이 돼서 100점을 맞았는데도 3등급을 맞았다면, 90점 같은 경우는 이 학교에서 4등급까지 갈 수 있다. 학생 수도 적기 때문에 고등학교 내신 1등급은 1등이 아니면 장담할 수 없다고 봐도 무방하다.

일반고에서 상위권 아이들의 구성을 보면 특목고에서 떨어진 아이들, 특목고를 노려볼 수는 있지만 전략적으로 일반고를 지원한 아이들, 여러 중학교의 상위권 아이들이 섞여 있다. 상위권 10%에 속하는 아이들은 실력 차이가 있는 것이 아니라 실수 하나 차이로 등급이 갈리는 것이다.

선생님들도 시험 문제를 어렵게 내고 싶지는 않을 것이다. 그렇지만 아이들이 점점 더 잘하니까 어쩔 수 없이 학교 입장에서 시험 문제를 더 어렵게 낼 수밖에 없다. 대학교에서 입시 기준을 내신 1등급, 2등급 따지지 않는다면 모를까 국영수 과목을 등급으로 계속 따지는 한 방법이 없다. 수시 말고 정시전형을 준비하겠다는 경우에도 내신을 안 보는 건 아니기 때문에 수능 하나로만 역전해서 대학을 간다는 건 없다고 봐야 한다. 게다가 '불수능'이라고 해서 90점 이상이 전국 2%밖에 안 될 정도로 수능이 어렵게 나오면 아이들은 머리가 또 복잡해진다. 영어는 절대평가니까 쉽겠다는 생각을 깨버리는 것이다.

고등학교 3년 동안 12번의 시험 중에서 하나만 삐끗해도 내신 등급이 내려갈 수 있는데, 다들 시험을 잘 봤다면 그래도 등급을 나누는 방법은 있다. 이럴 때는 수행평가를 보고 반영한다. 여기에 대한 대비도 해야 하는데, 수행평가는 작문을 잘해야 한다. 그렇게 할 수밖에 없고 서술형 작문을 시험으로 보면 등급을 충분히 세부적으로 가를 수 있다.

내신의 결정력은 영어가 쥐고 있다는 말이 있다. 중3까지 수능 영어를 미리 끝내야 다른 과목을 공부할 시간이 있기 때문이다. 수학을 미리 하기는 힘드니까 고등학교 올라가서는 다른 과목에 집중하고 영어는 그전에 미리 끝내는 전략을 권한다. 영어에서 습득한 문장이 많고 쓰기를 많이 해봤으면 시간을 아낄 수 있다. 이런 이유로 영어를 고등학교 올라가서 시작한다는 건 그냥 포기한다는 걸 뜻한다.

영어는 시간을 잡아먹는 과목이다

대치동에서 입시 컨설팅을 하는 전문가들도 "영어는 무조건 완전학습을 해야 한다"라는 이야기를 다들 한다. 중학교에서 A등급이 나오면 '그 정도면 충분하지' 생각할 수 있는데, 고등학교 1학년 중간고사에서 4등급을 맞으면 너무 충격을 받아서 그야말로 '멘붕'이 되기도 한다. 요새는 아이들 수가 줄어서 전교에서 10등 안에 들어도 1등급을 못 받는 경우가 허다하다. 1학년 중간고사 후 그제야 '영어 공부 해야겠다'라는 생각을 하는 순간 목표로 했던 상위권 대학 입시에서는 멀어진다.

영어는 이해력도 필요하지만 기본적으로 시간을 잡아먹는 과목이다. 그래서 평소에 완전학습이 되지 않으면 따라갈 엄두가 안 난다. 고등학교에서는 시험이 50% 이상 서술형을 출제하는 것이 추세다. 외워서 맞추는 것이 아니라 자기 생각을 넣어서 영작을 해야 된다. 내가 생각하는 내용을 영어로 쓸 수 있는 능력이 갖춰져 있지 않으면 1등급을 못 받는다.

영어 시험 범위가 100개 지문 이상이면 그걸 어떻게 한 달 반 만에 소화하고 시험을 볼 수 있을까. 그건 공부하고 시험 보라는 뜻이 아니다. 기본적인 실력이 이미 갖춰져 있어야 하고, 따라잡기란 불가능에 가깝다. 사실 2등급 받는 것도 아주 어려운 건데, 영작을 진짜로 능숙하게 할 수 있는 단계까지 시험 대비를 하는 아이들이 1등급을 받는 경우가 많다.

결론은 쓸 줄 알아야 한다. 클라이영어에서도 이 부분을 충분히 반영하고 있다. 리스닝도 영작으로 연결시키고 문법도 영작으로 연결시키고 독해도 영작으로 연결시켜서 완전학습을 완성한다.

영어 교육의 종착점은 작문이다

고등학교 내신 준비 팁을 알려드린다면 결론은 작문이다. 모든 영어 교육은 결국 작문으로 이어져야 한다. 작문 실력을 최대한 단기간 안에 올릴 수 있는 방법을 하나 알려드리겠다. 영어를 잘하는 아이들이 고등학교에 올라가면 시험 공부를 하는 패턴이 조금 바뀐다. 이 부분을 들여다보면 공부법에 대한 팁이 있다. 영어 문장을 해석해보는 독해 책을 공부하되 해설지의 한글 해석 문장을 보고 거꾸로 영어로 번역해보는 것이다. 그런 다음 틀린 부분을 확인하고 파고들어 이유를 찾아내야 한다. 이것은 아는 것, 모르는 것을 구별해가는 메타인지 공부법이다. 아는 것까지 반복해서 볼 시간은 없고 해석을 명확하게 하는 연습을 하기 위해서 꼭 필요한 훈련이다.

독해 책의 한글 해석 지문을 보고 거꾸로 작문을 해보는 것은 다름 아닌 클라이영어에서 말하는 스위치 학습이다. 문법 책에 작문이 딸려 있는 경우도 있는데, 이렇게 많은 문장을 역으로 작문 훈련으로 하다 보면 그런 책들의 한계점을 커버할 수 있다.

작문 시간에 to부정사를 배울 때는 이미 to를 쓰면 된다는 걸 알고 작문하기 때문에 한계가 있다. 그런데 독해 지문을 역으로 영작하는 연습을 하면 모든 문법적인 요소를 복합적으로 한 번에 훈련할 수 있다. 누적해서 학습하고 계속 응용하고 활용하는 단계까지 이어지기에 좋다. 고등학교 내신 준비는 독해를 키우고 있을 시간이 없다. 한글 해석을 보고 처음부터 작문을 하고 틀린 것만 선생님에게 찾아가서 이유를 찾아내는 공부를 해야 한다. 무조건 암기만 하지 말고 왜 틀렸는지 분석하다 보면 결국엔 이해하는 단계까지 가기 때문에, 처음엔 돌아가는 것 같이 느껴져도 점점 속도가 빨라진다. 이것이 문법, 독해, 작문까지 한 번에 잡는 법이다.

그리고 나서는 한글 해석을 순서까지 달달 외울 정도로 학습해야 한다. 수능 영어에는 순서 배열, 문장 삽입 등이 많다. 그러다 보면 문해력도 길러진다. 물론 해석하는 것도 중요하고 어휘도 외워야 하지만 무작정 영어를 죽어라 해석만 하다 보면 메타인지에서 차이가 벌어진다. 이렇게 모르는 걸 직면하고 그것만 집중해서 파는 전략을 세우면 빠르게 성장하는 걸 느낄 수 있다. 이것이 마음만 급하고 실력은 늘지 않아서 매번 똑같은 시간과 에너지를 투자하는 사태를 벗어나는 가장 빠른 길이다.

이러면 어법 문제도 함께 좋아질 수 있다. 어마어마한 양의 시험 범위에서 "다음 밑줄 친 것 중 문법적으로 안 맞는 걸 골라 바르게 고치시오" 같은 문제는 완전히 이해하고 외울 정도가 아니면 풀기 힘들다. 작문이 아예 처음부터 안 되는 학생들은 이런 문제를 공부하려면 너무 힘들다. 아무리 지름길이 아니라 돌아가는 느낌을 받는다고 해도 한글 해석을 보고 영작하는 방식으로 훈련해야 실력이 늘고 결국엔 독해력까지 좋아진다. 주제나 핵심어를 찾아내는 것도 훨씬 수월해져서 모의고사도 잘 볼 수 있다.

문해력이 있어야 작문도 독해도 잘한다

• • •

어릴 적부터 책을 좋아하고 책을 잘 읽는 아이들이 있다. 그런데 사실은 책을 잘 읽는다고 공부를 잘하는 건 아니다. 책을 좋아하고 계속 읽는데, "그 책 어땠어?" 물어보면 대답이 항상 똑같은 경우가 있다. "재밌다", "신기하다" 두 가지 감상으로 대답을 돌려쓰는 아이도 있다. 책을 잘 읽고 있으니까 학습적으로 다 키웠다고 생각하는 건 착각이다. 다독한다고 해서 학습으로 이어지는 건 아니고, 책을 질적으로 읽을 수 있어야 한다.

반면에 어떤 아이는 '똥'에 관해 읽었다면 "엄마, 있잖아요. 똥이요, 몸속에서 장을 지나갈 때 수분을 흡수하니까 딱딱해지는 거래요." 이런 식으로 책 내용으로 대화를 이어가는 아이가 있다. 핵심을 파악하고 내용을 요약할 수 있는 능력이 좋은 것이다. 영어에서도 이런 언어 능력은 유감없이 발휘된다. 그래서 영어 독해나 문법을 본격적으로 공부하기 전부터, 엄마는 아이가 책을 읽고 나면 질문을 던지고 서로 이야기를 들려주는 식의 대화를 하면 좋다. 작은 토론의 장이 되는 것이다.

"엄마는 그 얘기 너무 궁금하다. 그 책이 무슨 내용인지 들려줄 수 있어?"라고 계속 책에 대해서 핵심어, 핵심 문장, 요약 내용을 뽑아낼 수 있게 질문을 던지고 유도한다. 아이가 의식하지 못하게 지나가는 말로 물어보듯이 주인공 관점에서 이야기해본다든가 분석적으로 보고 사고하는 시간을 가지는 것이다. 요즘 책들은 토론할 거리, 질문할 거리, 생각할 거리가 부록으로 나와 있는 경우도 많아서 참고해서 계속 질문하면 좋다. 이런 건 어차피 정답이 없어서 부담도 없다.

4차 산업혁명 시대에 우리나라에서 문맹인 사람은 찾아보기 극히 힘들다. 문해력은 원래 글을 읽을 줄 아는 것을 말하지만, 오늘날에는 단순히 음성적 읽기를 넘어 '의미적 읽기'가 제대로 되는지를 뜻하는 말이 되었다. 모르는 말이 나와도 문맥상 이해하고, 대화 중이거나 글을 읽을 때 습득한 정보를 제대로 해독해내는 능력은 정말 중요하다.

다 같이 한국말로 이야기하고 있고 한글로 된 문장을 읽고 있는데 무슨 뜻인지 말귀를 못 알아듣는 사람을 본 적이 있을 것이다. 만약 기획안, 약에 대한 복용법 같은 글을 읽었지만 잘못 이해한다면 업무 수행이 제대로 안 되거나 생명에 위협을 받는 일이 발생할 수도 있다. 당연히 영어도 언어이기 때문에 문해력이 없으면 독해, 작문을 제대로 수행할 수 없다.

빌드업 단계별 말하기 훈련

문해력을 높이기 위해서는 영어의 6개 영역을 모두 연결해서 훈련하는 것이 좋은 방법이다. 글쓰기와 말하기를 궁극의 종착점으로 두고 훈련해야 한다. 시간이 충분하다면 아기가 모국어를 배울 때처럼 글에 익숙해지기 전에 말하기가 먼저 훈련이 되면 좋을 것이다. 그런데 글쓰기는 편한데 말하는 건 어렵다는 사람도 많다. 작문은 생각해가면서 천천히 쓰면 되는데, 말하기는 바로바로 튀어나와야 되니까 어렵다는 것이다. 시간이 충분치 않아 작문을 위주로 훈련한다고 해도 말하기를 건너뛰어서는 안 된다.

스피킹도 단계가 있는데 첫째는 문법과 함께 하는 것이다. 예를 들어 문법 교재를 시리즈로 구매한다고 치면 해당하는 진도에 맞춰서 작문을 하고 그 작문한 걸 바로 툭툭 입에서 튀어나올 정도로 훈련하면 된다. 언어를 빌드업시키는 작업이 이루어지면 된다. 점점 살을 붙여가면서 할 수 있는 말을 늘려가는 것이다.

문법이라는 건 말의 표현이고 빌드업은 표현력을 늘려가는 것이다. 그런 다음에 실전 회화에 들어가는 것이 효율적인 방법이다. 아기가 모국어를 배워가는 과정을 보면 빌드업을 이해할 수 있다. 아기는 말을 못하는 상태에서 처음엔 듣기만 한다. 그러다 단어를 한두 개씩 말하기 시작하고 문장은 말할 수 없다. 명사 단어부터 말하기 시작해서 점점 문장이 완성되어 간다. "아빠"에서 시작해 "아빠 까까", "아빠 까까 줘", "아빠 까까 사줘", "아빠 맛있는 까까 사줘"로 확장된다. 즉 언어의 습득 과정은 문장의 습득 과정이다.

  그렇기 때문에 아이들에게 처음부터 문장 말하기를 바라면 당연히 어려울 수밖에 없다. 아이들한테 I am a student는 너무 어려운 것이다. 처음에는 명사 어휘 중심으로 먼저 배우고, 여기에 동사를 붙인다. be동사, 일반동사를 붙이면서 문장을 구성해나가는 것이다. 여기에 다른 품사들이 붙으면서 문장이 점점 길어지고 풍요로워진다. 차례차례로 동사를 붙여 문장을 만들고 점차적으로 수식어가 붙으면서 풍요로워지고, 여기에 수동태, 시제 변화를 넣으면서 내가 할 수 있는 말의 영역을 넓혀가는 것이다. 그럼 시험영어와 실용영어 둘 다 잡을 수 있게 된다.

  그래서 문법, 작문, 스피킹은 따로 하는 것이 아니며, 독해도 마찬가지다. 지금까지의 영어 공부는 스피킹 따로, 문법 따로, 작문 따로, 독해 따로 하니까 복잡하고 어려웠던 것이다. 언어의 습득 과정을 다 무시하고 처음부터 문장을 시작하니까 활용이 전혀 안 된다. 이런 빌드업 과정이 끝난 다음에 영화 대본을 가지고 공부한다거나 연설문, CNN 뉴스, TED 강연 등을 가지고 공부했을 때 폭발적으로 성장할 수가 있다.

6개 영역이 모두 이어지는 연계학습

  말하기, 글쓰기 위주의 영어교육을 위해서는 리스닝도 작문과 연계되어야 한다. 문장 하나를 배웠다면 기본적으로 암기는 돼야 한다. 클라이영어의 복습 시간에 하는 리스닝 훈련은 틀린 문제의 지문을 딕테이션하는 것부터 시작한다. 어떤 교재의 문제집이든 딕테이션은 있는데, 클라이 시스템에서는 빈칸 개수를 3개로 할지 5개로 할지, 모두 다 빈칸으로 할지 옵션을 다양하게 설정할 수 있기 때문에 아이들의 상태에 따라 맞춤학습을 할 수 있다.

리스닝 훈련을 할 때 아이들은 딕테이션을 하고 해석을 하고 주어진 단어들을 어순에 맞게 배열하는 작문 단계까지 한다. 이런 과정들을 통해 하나의 단어라도 안 들렸던 것이 있다면 들릴 때까지 훈련이 가능하다.

단어 암기는 교재에 있는 단어와 수업을 할 때 나왔던 단어 두 종류를 암기한다. 이러면 외워야 할 단어의 개수가 많아지지만, 기본적으로 단어를 외우지 않으면 다른 영역을 진행할 수 없으니까 어쩔 수 없다.

또 문법의 목표는 작문이어야 한다. 예를 들어 to부정사를 배우는 이유는 해석을 잘 하기 위해서다. 특히 고등학교에 가면 독해와 작문을 위해 문법이 필요하다. 문장에서 to부정사가 나왔을 때 어떤 식으로 다양하게 해석되는지 알아야 하니까 문법으로 이것저것 하는 것이다. 최종적으로는 서술형 문제를 맞추고 에세이를 쓸 수 있으면 된다.

문법은 말하기와도 연결된다. 두 영역을 분리해서 생각하는 경향이 아주 많은데, 결국 문법은 말 표현을 배우기 위한 것이다. 문법 이론의 명칭 때문에 어렵게 느껴지는 것일 뿐, 맞는 표현을 알기 위해 문법을 배우는 것이어야 한다. 결국 문법을 사용한 표현을 작문할 수 있고 그걸 말로 할 수 있으면 되는 것이다.

문법을 스피킹 훈련으로 연결한다고 생각해보면, 같은 문장에서 단어만 바꿔도 갑자기 말을 못하는 경우가 많다. 학습적으로 1단계는 암기를 하지만, 그 이상의 응용 단계까지 가지 않으면 그 학생은 이해했다고 볼 수 없다. 유사 문제로 다시 한 번 훈련해봐야 한다. 응용까지 가야 '될 때까지' 하는 학습이라고 할 수 있다.

기계가 대체할 수 없는 인재가 되려면

• • •

코로나 팬데믹은 4차 산업혁명 시대를 앞당겼다고 다들 이야기한다. 우리는 비대면 사회가 어떤 것인지 충분히 경험했고 기술이 사회를 어떻게 변화시킬 것인지 짐작할 수 있게 되었다.

그러면 그 시대를 살아가야 하는 아이들을 우리는 어떻게 교육해야 할까? 그 아이들이 커서 잘살 수 있게 하려면 아이들이 살아갈 세상은 어떤 세상일지 상상해보면 될 것이다. 미래에는 많은 부분에서 기계가 사람을 대신해 일할 것이다. 기계의 대체화는 이미 이루어지고 있고 점점 그런 사회 현상은 가속화될 것이다. 그러면 언제든 기계가 대체할 수 있는 일은 결국 사라질 것이고 기계가 대체할 수 없는 일만이 남게 될 것이다.

그런 사회 안에서 사람은 사람만이 할 수 있는 일을 해야 한다. 기계가 대체할 수 없는 능력의 핵심은 바로 생각하는 힘이다. 주도적으로 생각하는 아이라면 창의적인 사고를 기르기도 쉽다.

그런데 가만히 보면 대부분의 매체가 아이들이 생각할 필요가 없도록 만들어놓고 있다. 대표적으로 유튜브 하나만 살펴봐도 아이들에게 보고 싶은 것만 보게 한다. 60초짜리 영상 플랫폼인 틱톡이 3분으로 길어지는 동안, 유튜브는 쇼츠(shorts)를 만들어서 10초짜리 영상을 아무 생각 없이 볼 수 있게 했다. 인스타그램의 영상도 길어야 60초를 넘지 않는다. 처음엔 길어봐야 10분이던 유튜브 영상도 '짧다' 생각했는데, 그조차도 길다 느껴지니 스킵하거나 배속을 빠르게 해서 본다. 10초짜리 쇼츠 영상을 사람들이 과연 볼까 싶었는데 나도 의미 없이 멍하니 넘기면서 보고 있는 걸 깨달을 때가 있다.

스마트폰이 보편화되자 사람들은 주어지는 정보대로 생각 없이 움직이는 환경 속에 있게 되었다. 이 현상은 점점 더 심해질 것이다. 다른 사람이 의도한 대로, 기계가 이끄는 대로 끌려가는 시대인 것이다. 그런 시대에 누가 성공할 수 있을까 생각해보면 다 같이 흘러가는 그 안에서 그냥 묻어가는 것이 아니라 주도적으로 생각하고 길을 만들어내는 사람이 살아남을 것임을 알 수 있다.

MZ세대들은 왜 자꾸 퇴사하는 걸까

지금도 앞으로도 생각의 격차는 더더욱 심해질 것이다. 사고력이 떨어지는 사람들은 더 많아질 것이고 그 환경 안에서 창의적 사고가 습관화된 사람은 금세 주도권을 잡을 것이라는 건 자명하다. 그렇다면 우리 아이들을 어떻게 하면 주도적으로 생각하게 만들 수 있을까 하는 것이 교육의 초점이 되어야 한다. 클라이영어 프로그램이 메타인지를 키우는 데 초점을 맞추고 있는 것도 그런 이유에서다.

디지털 문화에 익숙하고 플랫폼에 친화적인 MZ세대(대략 1981~2010년생)에 대해 많은 이야기가 나오고 있다. 한 구인구직 플랫폼에서 2019년에 실시한 조사에 따르면 '1년 이내 신입사원 퇴사율'은 48.6%였다. 500인 이상 대기업의 퇴사율도 아주 높은데 그와 동시에 중소기업은 인력난이 정말 심각하다. 대기업에 입사한 사람들은 어릴 때부터 엘리트 코스만 밟아서 갔던 사람이라고 볼 수 있을 것이다. 그랬던 사람들이 회사에 얽매이지 않는다는 것은 평생직장이 없어지는 현상도 가속화되는 것이라고 봐도 좋을 것이다.

그와 동시에 기업의 개인화, 비즈니스의 개인화가 이루어지고 있다. 기업에 소속되어 일하는 것보다 개인적으로 일거리를 찾고 사업을 만들어내는 경우가 많아지고 있다. 고용 형태가 변하고 있는 것이다. 한 곳에 상주하지 않고 전문가들을 영입해서 그때그때 같이 협업해서 일하는 경우도 많다. 어딘가 소속돼서 직장 생활을 하는 것보다는 성공하고 싶다는 걸 사업으로 연결시키는 사람이 많아졌다.

어떤 사업을 한다고 했을 때 사업 아이템은 어떻게 찾게 될까? 그 아이템은 불편함에서 시작된다. 사실 사업 아이템은 도처에 널려 있는 셈이다. 생활하면서 살다가 평소에는 그냥 익숙하기 때문에 불편한 것조차 못 느꼈는데 어느 순간 그 불편함을 민감하게 느끼고 '왜 이렇게 불편해야 하지? 바꿀 수는 없을까?' 생각할 때 사업 아이템이 나온다. 그걸 잡아낼 수 있는 게 바로 생각하는 힘이다.

우리 아이들에게도 자꾸 '왜'를 생각할 수 있는 환경을 만들어주는 것이 좋다. 그저 주어지는 대로 별생각 없이 묻어가는 것이 아니라 '왜' 그렇게 불편함을 느껴야 하는지, '왜' 이걸 개선하지 못하고 있는 건지 계속 생각하면서 물음을 던지고 거기에 대한 해답을 찾는 훈련을 해야 한다. 이것이 쌓이다 보면 앞으로 어떤 사회 환경으로 세상이 바뀌든 주도적으로 자신의 삶을 헤쳐나갈 수 있는 사람이 될 것이라고 생각한다.

미래 핵심인재가 되기 위해 갖춰야 할 것들

우리 아이들이 미래의 핵심인재로 커가기 위해서는 세 가지가 필요하다고 생각한다. 첫째는 기본 지식이 있어야 한다. 우선은 뭘 알아야 이 길이 맞는지 판단할 수 있다. 어떤 사회, 어떤 환경에도 기본적인 지식은 필요하다. 둘째, 생각하는 힘이 필요하다. 즉 창의적인 기획력이 정말 중요하다. 기본지식이 있고 거기에 창의적인 기획력을 갖추고 나면 셋째는 그릿(grit)이 필요하다. 그릿은 '열정적 끈기'로 설명되는데, 내재적 동기를 가지고 성장하되 좌절의 상황에도 회복력을 갖추고 끈기 있게 될 때까지 해나가는 능력을 말한다. 다른 말로 하면 투지, 기개라고 할 수 있다.

흔히 사람들이 '실패'라고 말하는 것은 그 상황을 선택한 것이라고 바꿔 말해도 된다고 생각한다. 어떤 일을 수행해나갈 때는 누구나 수많은 문제와 본인의 한계에 부딪힌다. 여기에 예외는 없다고 봐도 좋다. 한계 상황에서 그걸 어떻게든 이겨내고 앞으로 나가려는 사람이 있는가 하면, 그 한계를 합리화시키고 어쩔 수 없으니까 '나는 못한다'고 포기하는 사람이 있다. 실패란 포기를 선택한 결과라고 나는 생각한다.

성공이란 이 순간 저 순간을 이겨내고 나아갔을 때 벌어지는 일이다. 문제가 생겼을 때 극복하려고 하는 그 자세와 태도, 그것이 그릇이다. 그건 상황의 문제가 아니라 태도와 선택의 문제라고 봐야 하지 않을까. 모든 인간들은 자기만의 정해진 어떤 상황이 있다. 그것이 극복할 수 있는 상황이냐, 극복할 수 없는 상황이냐는 상대적인 것이다. 어떤 건 중요한 문제이고 어떤 건 중요하지 않은 문제라고 단정할 수 없다. 누구나 자신이 처한 상황이 가장 최악의 상황이 될 수 있다. "나는 어쩔 수 없었고 포기할 수밖에 없었다"라는 말은 그저 태도의 문제일지도 모른다.

우리나라 교육 정책의 방향을 보면 미래의 핵심인재를 키우기 위한 방향은 설계를 잘 해놓은 것 같다. 우선은 기본 지식이 받쳐줘야 한다. 그것을 위해서 고교학점제라는 걸 도입했는데 실효성이 있는지는 제쳐두고 설계의 의도만 보자면, 이전과 달라진 점은 진로와 관련된 다양한 지식을 주겠다는 것이다. 아이들이 학교에 적응을 못 하는 이유는 국영수라고 정해진, 나와 관련 없는 지식만을 중시하기 때문이라고 생각한다. 국가적으로는 지식의 다양화를 이루려고 노력하는 것으로 보인다. 아이들이 진로를 먼저 정하고 거기에 맞는 과목을 선택해서 들으라는 것이 취지인 것으로 보인다.

학생부 전형도 의도 자체는 좋다고 생각한다. 자신이 가고자 하는 길이나 흥미를 찾아서 그와 관련된 심화활동을 얼마나 했는지 보는 것이다. 선생님과 수업을 했는데 기후변화에 대해 이야기했다고 해보자. 여기에 대해 더 알고 싶어서 책이나 자료를 찾아보고 해결점이 뭘까 생각해서 실험을 해볼 수도 있고 답을 찾아내는 것이 심화활동이다. 여기에는 생각하는 힘이 필요한데 해답을 만들어내는 데 작동하는 것이 바로 기획력이다. 수시 전형에서 내신을 보는 것은 공정성 때문에 기준점을 잡는 것이지, 의도는 생각하는 힘을 보는 것이라고 생각한다.

아이가 하고 싶은 걸 하면서 살려면

• • •

대기업 신입사원들의 퇴사율이 높다고 요즘 젊은이들은 버티는 힘이 약하다고 한탄하면, 그들은 "회사가 문제라는 생각은 안 하세요?"라고 응수한다. "어떻게 네가 하고 싶은 것만 하고 사니?"라는 질책은 이제 통하지 않는다. 대신 우리 아이들이 자신이 하고 싶은 걸 하려면 기획력이 있어야 한다.

이제는 선생님이 일방적으로 지식 전달을 하는 방식은 미래 교육에는 맞지 않는다. 플립러닝이 많이 시도되는데, 주제를 던져주면 학생이 자료를 찾아서 발표를 하고 그것에 대해 아이들은 토론을 한다. 이런 거꾸로 흐르는 방식의 수업은 주도적인 창의력을 키우기 위한 것이다. 발표하고 토론하는 준비 과정에서 기획력을 끌어내려는 시도다. 수학 같은 경우에도 옛날에는 선생님이 학생에게 "답은 이거야" 하고 가르쳐줬는데, 이제는 점점 풀이 과정을 중요시한다. 과정에 초점을 맞춘 수업 방식은 생각하는 힘을 길러내기 위해 아주 중요하다고 생각한다.

교육부 차원에서 문·이과 통합 이야기가 나오는 것도 융합형 인재를 키워내겠다는 시도라고 생각한다. 프로그램 개발을 해야 하는 상황을 예로 들면 엔지니어라고 해서 기술적인 것만 알면 끝이 아니다. 틀에 박히지 않은 통합적 사고를 할 수 있어야 실패 없이 일을 마칠 수 있다. 지금은 유명한 CEO들 중에도 프로그래머 출신인데 임원이 되는 경우가 많다. 옛날에는 기술자는 따로 있고 문과생들이 경영자에 포진돼 있었던 것과 다르다. 융합적 사고를 하는 것이 무엇보다 중요한 시대다.

회사 운영에 대해서도 모든 면에서 틀을 깨는 것이 시도되고 있다. 서로 소통하고 시너지가 나는 방향으로 시스템을 만들어가는 추세다. 교육에서도 수업이나 지식의 형태에 틀을 정하지 않는 시도가 늘어나고 있다. 문·이과를 통합하면 서로 성향이 다른 아이들이 '어 저렇게 생각할 수도 있구나', '저 아이는 저걸 잘하네. 그럼 나는 저 아이와 한 팀이 됐을 때 이렇게 역할 분담을 하면 되겠구나' 같은 생각을 할 수 있다. 우수하면 이과를 가고 성적이 안 되면 문과를 가는 것처럼 생각하는 것도 문제이지만, 인문적 사고가 쉬운 사람과 이과적 사고가 쉬운 사람을 갈라놓음으로써 사고의 확장성을 막는 것도 문제다.

예를 들어 문과생은 기술적인 문제를 해결할 수는 없지만, 어떤 식으로 일하면 생각을 구현할 수 있을지 기획할 수 있다. 기업들도 부서의 경계를 파괴해서 융합적으로 왔다 갔다 할 수 있게 시도하고 있는데, 교육에서부터 영역과 틀을 구획하는 사고가 굳어지면 좋지 않을 것이다. 그런 측면에서 문·이과 통합은 의도가 좋다고 생각한다.

양적인 지식이 아니라 질적인 지식으로

학교에서 시험이나 수행평가가 있을 때 어떤 과제를 부여함으로써 수행 목표에 도달하게 만드는 것만으로도 그릿은 키워질 수 있다고 생각한다. 아무래도 뭔가를 열정적으로 해봤던 학생들이 일에서도 성공 확률이 높다. 물론 기본 지식을 갖추고 흥미와 관심이 뒤따라줘야 할 수 있는 일이다. 관심도 없는데 그릿이 생길 수는 없다.

이때 기본 지식은 진짜 기본적인 것이면 된다. 쓸데없이 수준이 너무 높을 필요는 없다. 지금의 고등학교 교육은 대학교에서 배워야 할 방대하게 높은 지식을 시험에서 요구한다. 그보다 기본 지식은 양보다 질을 높여야 한다. 이것저것 다 배우는 것이 아니라 하나의 주제를 가지고 다양한 활동을 통해서 여러 가지 생각을 해보고 그걸 바탕으로 전문적 지식까지 깊이 팔 수 있는 방향으로 가야 한다.

예를 들어 혁신형 초등학교의 경우에도 테마가 있는 교육을 하면 좋을 것이다. 학교가 가까이에 숲을 조성해놓은 곳이 있다면 환경 문제, 숲, 동물과 식물 등의 테마를 가지고 지식을 넓히고 사고를 확장해가는 프로그램을 짜면 어떨까? 아이들은 숲이라는 테마의 경계 안에서 보통의 어른을 훌쩍 뛰어넘는 전문가급의 지식과 식견을 가질 수도 있다.

교육부에서는 미래 교육 방향을 질적으로 세팅해놓은 것 같긴 하다. 문제는 구현하기가 어렵다는 것이다. 대학이 요구하는 것이 바뀌지 않는다면 실질적으로 여전히 국영수 중심으로 흘러가게 될 것이다. 입시에서 요구하는 게 그대로라면 정책이 바뀌어봤자 작동이 될 리가 없다.

대학에서는 우수한 인재를 선별하기 위해서 어쩔 수 없다고 이야기할 수도 있다. 입학할 사람을 가려내기 위해서 시험 난이도가 높아진다는 것이다. 그런데 그렇게 해서 대학에 막상 들어갔을 때는 어떻게 될까? 아이들의 진로가 어떻게 될지 모르는데 고등학교에서 너무 과한 걸 배우고 대학에서는 오히려 느슨해진다면 뭔가 잘못된 것이다. 고등학교는 진로를 정하는 데 필요한 정도의 수준이면 될 것이다. 너무 많은 지식이 요구될 때 기계적인 학습으로 흐를 수밖에 없는 상황이 된다. 빈 구석이 있고 여유 시간도 있어야 '생각'을 할 수 있다. 그래야 토론하고 발표하는 수업이 가능해질 것이다.

대량생산형 교육에서 역량 중심의 교육으로

좋은 대학을 가야만 성공하는 시대는 지났을지도 모른다. 그렇다고 공부도 안 하고 목표도 없이 놀아도 된다고 말하는 것은 아니다. 학교 공부를 통해서 형성된 지식만으로 성공할 수 있는 시대는 아니라는 뜻이다. 깊은 사고를 할 수 있는 사람으로 키워지지 않으면, 곧 기계로 대체될 수 있는 직업을 전전하다가 도태될지도 모른다. 현재 고등학교까지의 교육 내용으로는 깊은 사고를 기를 수가 없다. 양적인 지식습득을 대폭 줄이고 질을 높여서 생각하는 인재가 되는 교육 내용을 짜야 하지 않을까?

1차적인 지식만 습득한 아이들이 좋은 직장에 취업할지는 모르겠지만 거기에서 오래 버텨낸다는 보장은 없다. 대학에 가서 사고력이 넓혀진다면 모르겠지만 그게 아니라면? 창의력, 기획력의 바탕이 되는 깊은 사고력이 대학에서 안 키워진다면 더 이상 대학은 성공에 큰 영향을 주는 곳이 아닐 것이다. 취업하기 위한 징검다리로 쓸 수는 있겠지만, 대학이 과연 성공의 필수 코스인지 의심을 받게 될 것이다.

더군다나 지금 아이들이 성인이 되는 시대에는 기업에 소속되어 일하려고 하지 않는 현상은 더욱 두드러질 것이다. 클라이영어식으로 말하자면 회사 조직이 신입사원들을 위한 개별 맞춤을 마련하지 못하기 때문이다. 좋은 대학 가서 좋은 기업에 취업했다가 못 버티고 그만두는 아이들은 아무에게도 간섭받지 않고 자기가 하고 싶은 걸 하려고 한다. 만약 기획력이 받쳐주지 않은 상태에서 퇴사한다면 그렇게 엘리트 코스를 밟았던 것이 의미가 없어질 것이고, 창의적인 사고라는 핵심 역량을 갖춘 상태라면 그 앞길은 탄탄대로가 될 수 있다.

지금은 혼자서도 뭔가 해볼 수 있는 플랫폼이 너무나 많다. 얼마든지 그냥 하고 싶은 걸 할 수 있다. 인스타그램 같은 채널 하나만 가지고도 글로벌 시장을 타깃으로 한 사업이 얼마든지 가능한 시대가 바로 눈앞에 있기 때문이다. 자신의 아이템이 확실하다면 아프리카 탄자니아에 단골고객을 만드는 것도 가능하다. 기업 입장에서도 자꾸 그만두는 인력에 대한 대비를 당연히 할 수밖에 없다. 아예 안 뽑는다든가 기계로 대체할 방법을 강구할 것이다. 결과적으로 일자리까지 점점 줄어들 것이다.

그런데 창의력과 사고력이 떨어지는데 남 밑에서 일하기는 싫다면 어떻게 될까? 사업을 시도해도 계속 실패하다가 자본만 낭비될 수 있다. 점점 극과 극의 상황이 벌어지고 격차는 커질 것이다.

정부에서 시행하는 교육 정책이 아무리 디테일이 부족하더라도 설계한 방향대로 사고력을 갖춘 아이로 성장한다면 그 아이는 미래 사회가 어떻게 변하든 성공할 것이다. 입시는 당연하거니와 직업적으로도 잘될 수밖에 없다. 그러면 우리는 아이들을 어떻게 가르쳐야 할까? 중고등학생은 이미 기존의 틀 안에 있어서 어쩔 수 없다고 쳐도 초등학생에게는 기회가 있을지도 모른다. 핵심 역량은 두 가지다. 하나는 자기 주도력, 또 하나는 메타인지를 갖추는 것이다. 학습 면에서뿐 아니라 정책이 어떻게 되든 사회가 어떻게 흘러가든 무조건 성공하는 아이로 키울 수 있다고 나는 장담할 수 있다.

어릴 적부터 자기 주도력을 기르는 법

• • •

어릴 적부터 메타인지를 기를 수 있는 방법이 있다. 평소에 '왜'에 익숙해지게 하는 것이다. 아이도 부모에게 '왜'라는 질문을 던지고, 부모도 아이에게 '왜'라는 질문을 던져야 한다.

"왜 그렇게 생각해?" 질문을 던지면 아이들은 보통 "몰라"라고 답한다. 여덟 살배기 우리 아이도 뭔가 물어보면 "몰라"라는 말을 잘한다. 그 말은 사실 대답하기 귀찮은 것이 아니라 진짜 몰라서 하는 말이다. 자신 있게 아는 내용을 이야기하라면 누구나 재미있게 말할 것이다. 사람들은 애매하게 알거나 설명하기 힘들 때 말을 시작하지 못한다. 그건 설명할 수 있을 정도로는 모른다는 뜻이다.

'왜'라는 말을 자주 던져보고 설명하는 것을 습관화하는 것이 중요하다. "왜 이렇게 만들었을까?", "왜 이렇게 행동하고 왜 이렇게 살아야 될까?" 행동 하나하나마다 의문을 던지는 습관을 들여야 한다. 어린 아이일수록 그건 부모님이 해줘야 하는 부분이다. 물론 아이가 질문을 던지면 부모님도 똑같이 성심성의껏 대답해줘야 한다. 아이가 엉뚱한 말을 해도 논리적으로 어리숙한 말을 해도 끝까지 들어주고 '왜'에 익숙해져야 한다.

설명이 안 된다면 뭘 모르는지 짚어내고 "한번 같이 알아볼까?" 하면서 적극적으로 조사해볼 것을 추천한다. 그냥 의문만 가지고 끝내는 것이 아닌 답까지 찾아내야 확장적 사고로 이어진다. 그런데 '왜'라고 질문하는 것도 한두 번이지 힘들어서 지속하지 못할 수도 있다. 그럴 때는 아예 시간을 정해놓고 실컷 질문하는 시간을 가지면 좋다. 책은 그 도구로서 활용하기에 좋은 매개체다.

아이가 학원에 다니지 않고 혼자 공부한다면 학습적으로 메타인지를 어떻게 기를 수 있을지 궁금해하는 분들이 있을 것이다. 국영수 과목은 학원에 다니는데 사회, 과학은 혼자서 공부하는 아이들이 많다는 걸 생각해보자. 선생님이나 부모님은 아이가 막힌 게 있으면 자꾸 설명을 해주고 답을 알려주려는 습관이 있다. 그러나 지식습득 과정은 아이가 스스로 해봐야 한다. 혼자 읽어보고 직접 설명해보면서 자신이 뭘 알고 모르는지 구분할 수 있게 된다. 설명이 부족하다면 스스로 더 찾아보고, 그래도 안 되는 건 질문해서 해결해가는 경험을 해야 한다. 그 과정에서 아이들은 재미를 느낀다는 걸 나는 자주 목격하고 있다.

같이 고민하되 끌려다니지 말 것

부모 눈에는 자녀가 성장해도 늘 어린아이 같아서 항상 돌봐줘야 할 존재로 인식한다. 그러다 보니 본능적으로 뭔가 대신 해주려고 한다. 그런데 아이들은 생각보다 스스로 할 수 있는 게 정말 많다. 이런 것도 하나 싶을 정도로 생각하지 못한 것도 곧잘 한다.

위험하지 않다면 아이들이 직접 해보도록 안내하는 것이 중요하다. 대신 아이가 시도할 때는 시행착오를 겪는 걸 기다려줘야 한다. 아예 방향도 못 잡는 상황이라면 가이드를 슬며시 던져주는 정도로만 개입하는 것이 좋다. "이건 이렇게 해보면 어때?" 하고 팁을 툭 던져주는 것이다. 답을 알려주는 것이 아니라 방법을 찾도록 길을 열어주는 정도만 유도하면 된다. 본인이 스스로 하는 재미를 느끼고 해내는 성취감이 사람을 성장시킨다. 그 과정에서 실패해도 시행착오를 통해 얻는 게 분명 있다.

아이가 좀 크고 난 후 던지는 진지한 물음은 간과하지 않아야 한다. 아이들이 문제집을 풀다 말고 "왜 공부해야 돼?"라는 질문을 할 때가 많다. 이 부분에 대해서는 진지하게 부모님이 같이 고민해봐야 할 것이다. 이런 물음은 진지하게 답을 찾아내는 게 필요하다. "야, 공부 당연히 해야지. 말이라고 하냐? 너 커서 뭐가 될래?"라는 식으로 뱉어내는 말은 곤란하다. 부모 세대에는 당연했으니 고민할 필요가 없는데, 아이에게는 당연한 게 아닐 수 있다.

사실 부모가 아이의 이런 마음을 받아들이는 게 쉽지는 않다. 그래도 이건 굉장히 중요한 문제다. 만약 아이가 대학 진학을 원하지 않는다면 수험영어를 공부하고 있는 이 모든 게 무의미해진다. 그다음에는 "수능 공부를 안 한다면 뭘 해야 할까?"라는 질문이 뒤

따라와야 한다. 이 문제를 진지하게 같이 고민하면서 "당연히 대학 가야지"라는 말은 빼고 답을 찾아내야 한다. 이때 부모님은 큰 틀 안에서 중심을 잡아주는 역할을 하는 것이 중요하다.

아이가 "나 고등학교 자퇴할래"라고 할 때 "야, 학교는 다녀야지"라는 말이 바로 나오면 서로 공감하지 못하고 대화는 단절된다. "자퇴하고 뭐 할래?" 묻는 과정이 있어야 한다. 아이가 만약 "그건 그때 가서 생각하려고. 지금은 당장 그만두고 싶어"라는 상태라면 지금의 그 생각대로 그만뒀을 때 지금의 결정이 미래에 어떤 영향을 끼칠지에 대해서 이야기를 나눠봐야 한다. 이렇게 유도할 수 있다면 부모님은 큰 틀을 정해준 셈이다. '다음'이 없다면 지금은 학교를 다녀야 한다고 결정할 수 있다.

대화를 한다고 해서 무조건 아이에게 끌려다니라는 뜻이 아니다. 끌려다닌다면 친구한테 "나 자퇴할래"라고 말한 것과 다름없어질 것이다. 부모는 아이가 클 때까지 그 아이의 인생을 리드해주는 존재라는 포지션을 확실히 해야 한다. 아이가 가야 할 방향에 중심을 잡아주고, 납득될 수 있도록 길을 터줘야 한다. 그냥 부모가 끌려다니면 아이는 순간적인 감정으로 결정을 내릴 수 있다.

큰 틀은 부모님이 잡되 아이가 '왜'라는 질문에 설득력 있는 무언가가 없다면 같이 알아보고 함께 고민하며 답을 찾아내야 한다. 그렇게 할 수 있다면 사춘기도 잘 보낼 수 있다. 물론 부모의 리드가 있어도 아이 입장에서는 의사결정은 본인이 한 것이어야 한다. 그렇게 되면 태도와 자세가 완전히 달라진다. 본인이 결정하는 일에 있어서 실행력의 차이는 어마무시해질 것이다.

클라이영어에 적용해서 말하면, 예상성취 등급 레포트를 받고 학업 계획을 세울 때 선생님이 공부하도록 유도는 해도 방향만 제시할 뿐 결국엔 아이가 "이렇게 할게요"라고 스스로 결정한다. 공부에 흥미가 없어 안 했던 아이들도 자발적으로 공부하는 방향으로 바뀌곤 했다. 자신이 결정했느냐에 따라 굉장히 크게 바뀌는 걸 볼 수 있다. 의사소통을 통해 자기 주도력을 발전시키는 것이다.

아이가 틀린 것을 직면하게 하라

학습적인 부분에서는 문제를 풀고 스스로 채점해보는 것이 중요하다. 보통은 부모님이 채점해주는 경우가 있다. 아이가 고쳤거나 잘못 채점할 것이라고 생각하고 못 믿기 때문이다. 문제를 안 풀고 답을 보고 베낀 다음 풀었다고 할까 봐 그러는 것인데, 이런 여러 가지 문제 속에서도 스스로 풀고 채점하게 유도해야 한다.

이것도 메타인지와 연관된 부분이다. 본인이 풀고 스스로 확인하는 과정에서 '틀렸다'는 걸 맞닥뜨릴 줄 알아야 한다. 이런 실패의 경험을 아이들은 상당히 두려워한다. 그래서 틀린 걸 슬쩍 고치거나 그게 아니더라도 절대 빗금은 긋지 않고 "세모로 할래요", "별표로 할래요"라고 말한다.

엄마가 불러줘서 채점해주는 것도 맞닥뜨리는 것과는 좀 다르다. 스스로 확인하고 답을 보고 비교해가면서 최종적으로 '틀렸구나'라는 결론을 내는 것이 바람직한 사고 과정이다. 이걸 생략해버리면 틀린 것이 충격으로만 다가오고 인지하는 것이 어렵다. 스스로 채점하면서 '이 문제는 현재로서는 실패했구나'를 인지하는 것도 중요하다. 실패의 경험을 쌓고 다음번에 틀리지 않으려면 어떻게 해야 하는지 조정해가는 힘을 길러야 한다.

문제는 답을 보고 베끼거나 답을 고치는 행동이다. 이럴 경우에는 문제를 풀어서 틀렸을 때 부모가 어떤 태도를 보였는지 돌이켜봐야 한다. 예를 들어서 강압적인 태도로 "야, 너 또 틀렸어?" 하면 아이는 답을 맞춰야 한다는 결과에만 집착하게 된다. "내가 원하는 건 네가 백점을 맞는 게 아니야. 네가 뭘 모르는지 그걸 찾는 게 목적이야"라는 걸 아이가 진심으로 느끼게 만들어줘야 한다.

"지금 틀린 게 중요한 게 아니야. 틀릴 수 있어. 문제는 지금부터야. 틀렸을 때 그걸 왜 틀렸는지를 알려고 우리는 지금 이 시간을 보내는 거지. 틀렸다는 걸 알고도 아무것도 안 하는 것, 문제는 그거야"라고 인식시켜야 한다. "틀린 건 하나도 문제되지 않아. 그러니까 틀린 걸 맞았다고 할 필요 없어. 답을 베낄 필요도 없어. 그렇게 맞는 건 아무 의미가 없어" 하고 말할 수 있어야 한다.

아이가 공부하기 싫다고 할 때는 "뭐하고 있어. 빨리 해"라고 하는 것보다 "지금 놀 거야? 몇 시까지 놀고 몇 시에 공부 시작할 거야? 네가 정해"라고 스스로 계획하게 하는 것도 괜찮다. 그러면서 큰 틀은 엄마가 제시해줘야 한다. "밤 10시까지 놀 거야"라는 아이를 내버려둘 수는 없을 것이다. "오늘 네가 할 일이 뭐뭐 있어? 그러면 해야 할 시간은 총 어느 정도 걸릴 것 같아? 남은 시간은 얼마나 있지? 그러면 노는 시간은 얼마로 할 거야?"라고 같이 계산하는 방법도 좋다. 아이들이 그냥 생각 없이 "2시간 놀 거야"라는 식으로 말하는데, 지금 해야 할 일들과 남은 시간을 어떻게 쓸 건지 따져봐서 이야기해보는 게 좋다. 그러면 아이가 "30분만 놀게요"라는 식으로 정했을 때 그 시간 동안은 실컷 하고 싶은 대로 놀 수 있게 해준다. 그렇게 충족된 다음에 스스로 공부하도록 유도하는 것이 좋다.

어떤 일이든 '이걸 왜 해야 하는지'에 대한 과정이 있어야 한다. 문제를 직면했을 때 두려워하지 말고 '이걸 어떻게 해결할까?'를 생각하는 태도를 갖추다 보면 긍정적인 사고방식을 가질 수밖에 없다. "오답이 있어도 괜찮다. 틀려도 된다. 문제는 지금부터야"라는 것이 핵심이다. 실패한 것에 대해 부정적으로 느껴지지 않으니까 긍정적 태도가 생길 수 있다. 문제를 채점하는 과정에서 아이는 태도를 배울 수 있다.

칭찬을 질적으로 적절하게 하는 법

엄마가 원하는 방향으로 유도할 때 칭찬은 좋은 방법이 된다. 그런데 아이에게 칭찬할 때 보통은 정량적인 수치로 접근하기 쉽다. "지난번에 5개를 맞았는데 오늘은 7개를 맞았네, 대단해!"라고 하다 보면, 전보다 더 틀렸을 때 아이가 엄마를 대하는 태도가 약간 쭈뼛거리고 자신감이 없어 보이는 모습이 된다. 고통의 시간이 되는 것이다.

격려와 칭찬이 아이를 춤추게 하는 건 맞다. 그러나 수치로 칭찬해줄 거리가 있으면 그것도 좋지만, 이 아이가 나아진 점에 대한 정성적인 평가로 칭찬을 해줘야 한다. 문제 유형이 예전에 풀었던 유형인데 저번에는 틀렸지만 이번에는 맞췄다면 그건 아주 좋은 칭찬거리다. "이거 계속 틀렸는데 이번에 맞췄네. 어떻게 맞췄어?"라고 하면 많이 틀렸다는 것보다는 아는 걸 늘려가는 것에 대해 초점을 맞출 수 있다. 어떻게 맞췄는지가 중요해지는 것이다. 나아진 점에 대해서 칭찬을 할 수 있는 요소는 무궁무진하다. 어떻게든 칭찬거리는 찾아내야 한다.

칭찬할 거리를 못 찾겠으면 글씨를 더 예쁘게 썼다는 점이라도 아는 척을 해야 한다. 선 칭찬 후 교정이다. 대신 잘못된 부분은 교정해주고 반복되는 실수에 대해서는 반드시 잡아줘야 한다. 그건 곧 실력으로 연결될 수 있기 때문이다. "이번에 이거 틀렸네. 왜 틀렸어?"를 짚어내야 한다. "문제를 안 읽었어"라면 "어떻게 하면 문제를 잘 읽을 수 있을까?" 같이 고민해본다. 답을 못한다면 "중요한 단어에 동그라미를 쳐보는 건 어때?"라고 유도한다. "그러면 실수를 안 하지 않을까?"라고 교정까지 이어지면 오답을 고통의 순간이 아니라 굉장히 긍정적인 발전의 순간으로 받아들이게 된다. 그렇게 메타인지와 자기 주도력을 키워가는 방향으로 갈 수 있다.

미래 교육은 어떤 방향으로 흘러갈 것인가

• • •

"물리적인 캠퍼스가 없다. 대신 세계 7개 도시에 기숙사가 있을 뿐이다. 모든 수업은 자체적인 플랫폼에서 100% 실시간 온라인으로 진행된다. 학생들은 1학년이 되면 대학 본부가 있는 미국 샌프란시스코에서 공부하다가 2학년부터는 나머지 6개 도시(서울, 하이데라바드, 베를린, 런던, 부에노스아이레스, 타이베이)에서 한 학기씩 인턴십으로 실습하면서 저녁에는 온라인으로 수업한다. 교수는 학생에게 질문을 던져 적극적인 참여를 유도하고 토론, 퀴즈 등으로 실시간 의견 교환이 이루어진다."

'미래의 학교'라 불리며 하버드대, 예일대보다 들어가기 힘들다는 대학으로 평가받는 '미네르바 스쿨'에 대한 설명이다. 2020년 기준 이 대학의 합격률은 0.8%였다. 서울대 합격률이 14%(수시 전형), 하버드대가 5.6%, 예일대가 6.3%였던 것과 비교하면 특별해 보인다. 전 세계에서 25,000명이 지원해 200명이 합격했다고 한다. 설립자 벤 넬슨은 아이비리그에 속하는 펜실베이니아 대학에서 공부했다. 그는 최고의 명문 대학에서 공부하면 자신의 사고력 발전에 도움을 줄 것이라 기대했는데 실제로는 그렇지 못했다. 그는 학생위원회 회장이 되어 소규모 세미나 프로그램을 만들어내는 활동을 벌이면서 교육 개혁을 어필했지만 대부분의 대학이 그런 것에 관심이 없다는 사실을 깨달았을 뿐이라고 한다.

그런 배경으로 설립된 미네르바 대학은 SAT 같은 표준화된 점수를 보는 것이 아니다. 여기서 신입생을 선발하는 기준은 '자신은 누구인가(who you are)', '어떻게 사고하는가(how you think)', '자신이 이룬 바는 무엇인가(what you achieved)' 등 세 가지 영역의 질문에 대한 내용을 보는 것이다. 세부적으로 살펴보면 간단한 고교 시절의 성취 기록만 보는 것이 아니라 미리 준비할 수 없는 짧은 질문을 통해 창의력, 수학적 능력, 언어 능력 등을 평가하고, 교실 밖 비교과 활동에서 성취한 경험을 살펴본다. 성별, 인종, 입학 정원 등의 제한도 없다.

교육 분야에서 이런 시도는 세계 곳곳에서 벌어지고 있다. 파리 몽마르트 언덕 너머에 있는 '에꼴42'는 강사도 없고 교과서도 없고 교수도 없고 정해진 학기나 출석 체크도 없다. 심지어 학비와 졸업장도 없다. 주체적이고 협업 능력이 뛰어난 IT 인재의 양성이 목적인데, 정부 지원을 받아 공교육으로 편입되면 혁신적인 교육 실험을 할 수 없다며 정부 자금 지원도 거부한 학교다. 학생들은 RPG(역할수행 게임)에 접속해 레벨을 올리듯이 자체 교육용 클라우드에 접속해 인공지능, 사물인터넷 등 원하는 IT를 연마한다. 학생들은 학교에서 24시간을 보내도 되기 때문에, 학교는 강도 높은 코딩을 수행하기 위해 처음 만난 동료와 컴퓨터 앞에서 먹고 자기를 반복하는 캠핑장 같은 모습이라고 한다.

잘하는 아이들이 개별 맞춤에 더 열광한다

칸랩 스쿨(11~18세의 미국 학교), 프트럼 스쿨(6~16세의 스웨덴 학교), 스티브잡스 스쿨(네덜란드 초등학교) 등 미래형 학교들을 살펴보면 역량 중심, 온오프라인 결합, 무학년제, 개별 맞춤, 협업 등을 특징으로 하고 있다. 기존의 학교들은 학년제를 운영해왔기 때문에 개인의 관심사에 따라 학습할 수 있도록 맞춰주는 것이 어려웠지만, 이제 그런 것들이 사라지고 있는 모습이다. 교사 개입 없이 개인에게 맞춤화하는 인텔리전트 튜터링 시스템이 발전하고 있다. 물론 여기에는 평가와 피드백이 포함되지만 아이들 교육은 물론이고 고등 교육까지도 자기 주도 학습으로 변화하고 있다. 스스로 학습 목표를 정하고 자신만의 목표에 따라 개인 작업을 하는 것이다.

우리나라의 학부모님들은 개별 맞춤을 왜 해야 하는지, 얼마나 큰 교육적인 의미를 가지고 있는지 잘 이해하지 못하고 있는 경우가 많다. 대충 아는 것이 아니라 하나라도 제대로 알아야 한다는 것, 될 때까지 시키는 완전학습이 중요하다는 것도 아셨으면 좋겠다. 단순히 외우는 것이 학습이 아니라 현실에서는 암기 이상의 것을 적용할 수 있어야 한다. 미래 대안학교 중에는 미국의 알트 스쿨처럼 부실한 학사 과정, 철학의 부재 등을 지적받고 학생들이 이탈한 학교도 있으니까 조심해야겠지만, 4차 산업혁명 시대에 학교의 혁명, 더불어 학원산업의 혁명이 필요한 것은 자명한 사실이다.

완전학습, 개별 맞춤은 학습적으로 우수한 아이들은 물론 늦게 영어 공부를 시작한 아이들, 공부법에 조정이 필요한 아이들을 구제해낼 수 있다. 다른 교육 시스템에 있었다면 못 따라가고 포기했을 아이들이 클라이영어로 자존감을 회복하는 모습을 보며 그동안 느끼는 바가 컸다. 정말 많은 아이들이 잘못된 교육 방식으로 희생되는 것 같다. 아이들 능력 탓이 아니라 환경적인 문제, 시스템적인 문제인 것이다.

공부를 안 해서 뒤처질 때 불안감을 느끼지 않는 아이들은 없다. 아이들도 자신의 할 일이 공부라는 것을 안다. 어떻게 해야 할지 몰라서 손 놓고 있을 때 '나는 뒤처진 실패자구나'라며 굉장히 좌절한다. 방어기제가 작동하는 건지 '(할 수 있지만) 이건 내가 안 하기로 선택한 거야'라고 말로만 센 척하는 아이들도 있는데, 사실은 마음속 깊은 곳에서 '나는 하기 싫으니까 안 하는 거야'라고 생각하는 아이는 거의 없다.

개별 맞춤 교육은 아이들의 눈을 반짝거리게 만들고 '아, 나도 하면 되는구나', '영어만큼은 자신 있어'라고 태도를 변화시킨다. 자신 있는 과목이 생기니까 자존감에 상처받을 일도 드물고 아이는 더 단단해진다. 게임중독이 있든가 집안에서의 심리적인 문제가 있어서 여전히 영어 공부가 힘든 아이들이 아직도 있긴 하지만,

그저 기회를 못 만났을 뿐이었던 아이들은 개별 맞춤이 제공되면 극적으로 아주 잘하게 된다.

부모님들은 개별적으로 케어받는 것에 대한 결핍을 느껴서 학원을 보내는 것이라고 생각한다. 그런 케어를 못해주면 그 학원은 잘될 리가 없다. 생각해보면 잘하는 아이들일수록 개별 케어를 알아보기 때문에 그런 학원에 점점 학생들이 모여드는 것이다.

"쓸데없이 버리는 시간이 없어서 좋아요"

외국어고등학교를 목표로 할 정도로 상위권인 아이들이 클라이영어를 하는 경우, 이유를 물어보면 "학원이지만 과외하는 것 같다"라고 대답한다. 개별 맞춤에 굉장한 매력을 느끼는 것이다. 기초가 부족한 아이들에게 학습이 어렵게 느껴지지 않도록 설정해 놓은 중간 단계들을 굳이 하지 않고 건너뛸 수가 있다. 코스를 확 줄이고 자신이 생각할 때 부족하다 생각하는 영역을 두 배로 늘리면 만족도도 높아진다.

국제고등학교를 준비하던 중학생 3학년 지웅(가명)이는 부족한 부분이 거의 없는 아이였는데, "클라이영어는 쓸데없는 시간이 없다"라는 소감을 남겼다. 보통의 학원에서는 특목고반을 따로 만드는데, 그 안에서도 사실은 수준이 또 갈린다. 습득 속도가 다르기 때문에 선생님이 중간에 맞춰 수업을 하거나 다른 아이들을 봐줄 동안 어떤 아이는 기다리고만 있어야 하는 상황이 또 발생한다. 클라이의 자동화 프로그램에서는 개별 맞춤을 하니까 그럴 필요가 없고 자기가 한 만큼 쭉쭉 올라가는 게 느껴지기 때문에 좋아하는 것이다.

메타인지가 아주 발달된 아이일수록 '쓸데없는 걸 왜 해?'라는 생각을 한다. TV드라마 장면을 상상해보면 1등 하는 아이가 못하는 아이 때문에 수업에서 시간을 지체될 때 짜증내는 걸 볼 수 있다. '그 시간에 수학 문제라도 하나 더 풀 텐데'라는 생각이 들 테고, 그 아이 입장에서는 시간이 그냥 지나가는 걸 혼자서만 늘상 지켜보고 있어야 하니까 짜증날 수밖에 없는 것이다. 이게 성격이 나쁘다고 질타만 하고 있을 일인지 생각해볼 문제다.

영어를 잘하는 아이들은 수학에 집중하고 싶을 수도 있다. 그럴 때는 영어 숙제를 하는 시간도 아까울 것이다. 게다가 과제하는 속도가 빠르니까 학원에서 똑같이 4시간을 학습한다고 해도 그 시간 안에 복습을 끝내고 집에서 할 예습 과제까지 다 하고 가면 된다. 영어는 완전히 끝낸 상태에서 집에서는 다른 과목에 집중할 수 있다. 집에서 또 영어에 시간을 투자할 필요가 없다.

고등학교의 수행평가는 곧 작문이다. 직접 쓴 문장을 외워서 발표하는 형식이기 때문에 작문할 실력이 중요하다. 스피킹은 판단할 근거가 희박해서 형평성의 문제가 생길 수 있다. '이 학생은 대화를 잘 하네'라는 근거를 대기가 힘들다. 가장 채점하기 편한 것이 문법적인 요소를 포함한 작문을 하는 것이다. 글쓰기가 영어의 종착점이 되는 셈이다. 국어도 글쓰기가 되면 문법을 따로 공부하지 않아도 문제를 맞출 수 있다. 달리 말하면, 영어로 말은 잘 하는데 생각하는 글쓰기가 안 되고 정확한 영어 구사가 안 된다면 시험을 못 볼 수도 있다.

초등학교 저학년의 경우에는 꼭 글을 써야만 작문이 아니라 문장을 만들어낼 수 있으면 된다. 저학년이라도 체계적으로 문장구조를 만들어가는 빌드업이 돼야 한다. "영화도 보여주고 영어 원서도 읽고 많이 노출시키면 돼"라는 건 한계가 있다. 책을 많이 읽으면 국어를 잘한다고 생각하는 것과 마찬가지로 애매함이 있다. 타고 나기를 언어적 감각이 뛰어난 몇 명의 드문 사례를 마케팅 콘셉트로 활용하는 경우가 있다. 홍보 문구에 휘둘려 그것이 전부인 것처럼 생각하면 곤란하다.

우리는 영어가 모국어가 아닌 나라에서 살고 있지만 글로벌한 시대를 살고 있다. 한국어를 쓰는 인구가 전 세계에서 조금씩 늘고는 있다지만 여전히 세상에 존재하는 수많은 정보는 영어로 되어 있다. 변화가 많은 미래를 살아가야 하는 우리 아이들을 위해서 부모님들의 현명한 선택이 따르기를 기원해본다.

북큐레이션 • 4차 산업혁명 시대를 주도하는 이들을 위한 라온북의 책

《학원 혁명》과 함께 읽으면 좋을 책. 기존의 공식이 통하지 않는 급변의 시대, 남보다 한발 앞서 미래를 준비하는 사람이 주인공이 됩니다.

혁신을
가져오는
'3P' 영업 비법

300% 강한 영업

황창환 지음 | 14,000원

내 기업의 강점은 살리고 매출을 올리고 싶은가?
강한 기업을 만드는 강한 경영자가 되는 비밀을 담았다!

3년 적자 기업을 신규 고객 창출로 흑자 전환한 경험, 2년 만에 40개가 넘는 신규 지점을 개설한 경험, 폐점 직전이었던 매장의 영업 실적을 50% 이상 증대시킨 경험, 정체되어 있어 있던 매출을 두 자릿수로 성장시킨 경험 등 저자의 실제 영업 성공 사례와 생생한 노하우를 한 권에 담아냈다! 언제 어디서나 기업에 혁신을 일으킬 수 있는 영업 비법을 손에 쥐고 싶은가? 시대와 시장의 흐름에 영향받지 않는 지속적인 매출과 경영 성과를 얻고 싶은가? 그렇다면 지금 당장 강한 기업이 되기 위한 첫 번째 관문, 바로 '강한 영업'을 시작하라!

행동력 하나로
성공하는 방법

운명을 바꾸는 행동의 힘

유선국 지음 | 14,000원

여전히 생각 속에서만 살고 있으신가요?
지금 당신의 마음속에 잠재된 거인을 깨워드립니다!

'돈 많이 벌고 싶다', '잘살고 싶다', '즐기면서 살고 싶다', 'SNS 사진 속 사람들처럼 여유로워지고 싶다'. 일상을 살아가면서 한 번쯤 해봤을 생각들이다. 하지만 이런 생각이 들 때면 뭔가 설렘보다는 두려움이 먼저 앞선다. 왜일까? 요즘처럼 살아남기 힘든 세상이 없다고 느끼는 우리에게 가장 필요한 건 이 무모해 보일지도 모를 행동의 힘이다. 나를 가장 단단하게 만들어 줄 행동의 힘, 그 힘이야말로 꿈은 물론 현실에 맞설 힘과 원하는 만큼의 돈을 가져다줄 것이다. 지금 당장 당신의 바뀔 운명을 위해 행동하라!

미라클 액션

하재준 지음 | 14,000원

"행동이 없으면 오늘과 내일은 같은 날이다!"
망설이는 당신을 행동파로 만드는 행동력 훈련

스무 살에 분양사무소에서 영업을 시작해 37세인 지금 10여 개의 법인회사와 개인 사업체의 대표가 된 저자는 17년간 치열한 사업의 현장에서 살아남은 무기로 '남다른 행동력'을 꼽는다. 저자는 아침 알람 소리 한 번에 자리를 털고 일어나고, 발품을 한 번 더 팔고, '안 된다는 생각'은 없음을 다짐하고, 경험은 돈을 주고도 사며, 상대의 말은 끝까지 경청하는 등 사소한 행동한 가지부터 행동하고 실천하라고 조언한다. 생각하느라 시간을 다 쓰는 사람들, 주저하는 데 많은 공을 들이는 사람들에게 매우 긍정적인 동기부여가 되어줄 것이다.

이제 돈 되는 공부방이다

황성공 지음 | 14,500원

2만 명 원장들이 실전에서 도움받은
네이버 카페 '성공비'의 공부방 성공 비결

원장 혼자 하루 5~6시간을 가르치고 주말 하루는 가족들과 시간을 보내면서 월 매출 1천만 원을 올리는 공부방이 있다. 전국의 2만 명 넘는 원장들이 서로 노하우를 공유하는 네이버 카페 '성공비'를 운영하면서 일대일 상담을 통해 실전 노하우를 전수하고 있는 저자의 상황별 문제 해결법이 상세하게 공개된다. 공부방 잘되는 지역 고르기, 학부모와 학생 모두 만족하는 커리큘럼 짜기, 아이들이 지루해하지 않게 숙제 내주기, 소개가 이어지는 공부방 대상 선정, 아이를 오래 다니게 하는 부모 관리 등 공부방 운영을 위한 현실적인 노하우를 알려준다.